UTE & TILMAN MICHALSKI

Das Ravensburger Werkbuch

RAVENSBURGER
BUCHVERLAG

Die Schreibweise entspricht den Regeln
der neuen Rechtschreibung.

7   6   5   4   07   06   05

© 2002 Ravensburger Buchverlag Otto Maier GmbH
Alle Rechte, auch die des auszugsweisen Nachdrucks,
der fotomechanischen Wiedergabe und der Übersetzung,
vorbehalten.

Illustrationen – Tilman Michalski
Fotos – Ute Michalski
Umschlagkonzeption – Schmieder/Sieblitz
Redaktion – Petra Bowien
Printed in Germany

ISBN 3-473-37820-8

www.ravensburger.de

Inhalt

Spielzeug für drinnen und draußen   *39*

Tiere und Figuren   *63*

Holz – der Stoff aus dem die Bäume sind

Bäume sind riesige Pflanzen. Sie leben vom Sonnenlicht und von der Nahrung, die sie mit ihren Wurzeln aus dem Boden ziehen. Die Sonnenenergie wandeln sie mit ihren Blättern oder Nadeln in Nährstoffe um, die sie zum Wachstum ihrer Zellen brauchen. Holz besteht aus abgestorbenen, hart gewordenen Zellen.

Wälder der Welt

Abhängig vom jeweiligen Klima ziehen sich die Bäume als Wälder mit unterschiedlicher Artenvielfalt um die Erde. Vor etwa 14 000 Jahren, nach der letzten Eiszeit und dem Rückzug der Eismassen nach Norden, kehrten in Europa die Bäume aus dem Süden über die Alpen zurück. Zunächst „Erstsiedler" oder „Pionierbäume" wie Birken, Kiefern, Weiden und Pappeln, deren Samen vom Wind leicht weitergetragen werden, dann „schwersamige" Arten wie Eiche und Buche. Viele Baumarten scheiterten jedoch an der Barriere der Alpen und sind seitdem bei uns ausgestorben – im Gegensatz zu Nordamerika, wo die Gebirgszüge der Appalachen und der Rocky Mountains in Nord-Süd-Richtung verlaufen.

Im Laufe der Jahrtausende und im Wechselspiel von Wärme- und Kälteperioden bildeten sich verschiedene Waldgesellschaften:

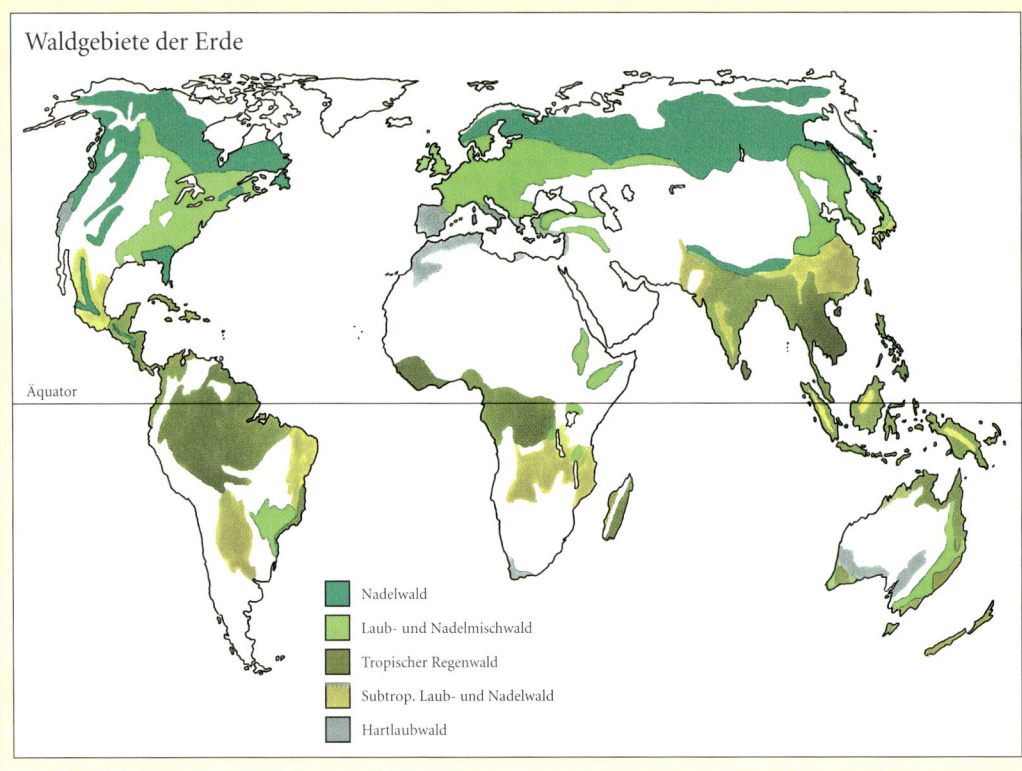

Waldgebiete der Erde

Äquator

- ▉ Nadelwald
- ▉ Laub- und Nadelmischwald
- ▉ Tropischer Regenwald
- ▉ Subtrop. Laub- und Nadelwald
- ▉ Hartlaubwald

Der nördliche Waldgürtel

Im Norden, von Skandinavien über die sibirische Taiga nach Alaska und über große Teile Kanadas, erstreckt sich ein geschlossener Waldgürtel: der nacheiszeitliche Nadelwald. Bei langem, kaltem, schneereichem Winter und kurzer Sommerzeit wachsen dort überwiegend Fichten, Kiefern, Lärchen und Tannenarten. Auf Kahlflächen fanden nur Laubbäume, wie Birke oder Pappel als Pionierbäume einen Lebensraum.

Laub- und Nadelmischwälder gemäßigter Zonen

In unseren Breiten gibt es außer Nadel- und Mischwäldern auch ausgedehnte
reine Laubwälder mit den Hauptbaumarten Buche, Eiche, Ahorn und Esche.
Auf den Bergen (lange Winter, kurze Sommer) nehmen mit steigender Höhen-
lage die Nadelbäume zu. In Europa sind etwa 50 verschiedene Laub- und
Nadelbaumarten beheimatet, in Nordamerika sind es 850.

Hartlaubwälder

Im Mittelmeerraum mit heißem, trockenem Sommer und kühlem, feuchtem
Winter gedeihen Baumarten mit kleinen, harten und ledrigen Blättern. Sie
sind der Trockenheit im Sommer gut angepasst. Typisch für die mediterranen
Hartlaubwälder sind verschiedene Eichenarten und Nadelbäume wie Pinie,
Schwarzkiefer und Zypresse. Durch hohe Übernutzung (Rodung) seit der Antike
sind die Wälder im Mittelmeerraum stark geschrumpft und einer kaum nutz-
baren Gestrüppvegetation, der Macchie, gewichen.

Tropischer Regenwald

Die größte Artenvielfalt findet sich im tropischen Regenwald. Auf einem Hektar
(1 ha = 100 x 100 m) wachsen oft über 100 verschiedene Baumarten. Tropische
Regenwälder breiten sich um den Äquator herum aus, bis etwa zum 10. Grad nörd-
licher und südlicher Breite. Die Bäume nehmen ihre Nährstoffe überwiegend über
die Blätter auf, weniger über ihre Wurzeln, da die Böden vollständig verwittert und
nährstoffarm sind. Bei großflächiger Rodung, vor allem Brandrodung, wie sie zur
Gewinnung von Ackerland praktiziert wird, erleidet der Boden irreparable Schäden.
Ihn wieder zu bewalden, zu einem regenwaldähnlichen Öko-
system werden zu lassen, ist nahezu unmöglich.

Nachhaltigkeit als Forderung

Angesichts der fortschreitenden Zerstörung des Tropenwaldes wurde 1992 auf der
Umweltkonferenz in Rio de Janeiro die Schaffung „nachhaltig" bewirtschafteter
Wälder zur vordringlichen Aufgabe weltweiter Umweltpolitik gemacht. Nachhaltigkeit ist eine Verhaltensnorm für den verantwortungsbewussten Umgang des Menschen mit den Ökosystemen. Nachhaltigkeit im Umgang mit dem Wald heißt: nur
so viel Holz entnehmen wie nachwächst; frei gewordene
Flächen durch natürliche Verjüngung oder Pflanzung
wieder bewalden – im Einklang mit der Natur wirt-
schaften und auch die Bedürfnisse der nachfolgenden
Generationen berücksichtigen.

Menschen verändern die Wälder

Mittelalterlicher
Fachwerkturm

Voralpenländische
Kulturlandschaft mit
Mischwaldgruppen

Buchensprössling

Der Wald, wie wir ihn kennen, spiegelt die Nutzung durch den Menschen wider. Bis vor 200 Jahren wurde unseren heimischen Wäldern weitgehend ungeregelt Holz entnommen. Holz war der wichtigste Bau- und Werkstoff für Städte und Dörfer. Der größte Teil des Waldes wurde jedoch als Brennholz verbraucht. Großen Bedarf hatten Glashütten, Erzbergwerke, Salinen und Handwerksbetriebe. Bauern trieben ihr Vieh zum Weiden in den Wald und verwendeten als Einstreu im Stall die Laub- und Humusauflage. So wurden dem Waldboden wichtige Nährstoffe entzogen. Die Jagdbesitzer hegten hohe Wildbestände, so wurde durch Wildverbiss das Nachwachsen des Jungwaldes behindert. Ende des 18. Jahrhunderts drohte Holznot, die Wälder waren „verlichtet" und mit Kahlflächen durchsetzt. Um die Holzversorgung auf Dauer zu sichern, verständigten sich die Waldbesitzer auf eine geregelte Forstwirtschaft. Beim Aufforsten der verwüsteten Wälder wurden über weite Flächen Nadelbäume verwendet, die auf den verarmten Böden schnell wuchsen. Ursprünglich, in der ersten Hälfte des 19. Jahrhunderts, waren sie als Übergang für spätere Laubholzkulturen geplant. Mit ihrem Anbau sollte die zerstörte Humusauflage der Böden wiederhergestellt werden, die den Wurzelgrund für neue Laubholzsprösslinge bildet. Mit Beginn des Industriezeitalters wurde das rasch wachsende Nadelholz zu einem begehrten Rohstoff. Es wurde oft nicht mehr durch junges Laubholz ersetzt. Nadelholzmonokulturen nahmen zu, denn der finanzielle Nutzen stand vor der Artenvielfalt. Doch allmählich zeigten sich die Nachteile des großflächigen Nadelholzanbaus. Große Gebiete wurden von Schädlingen (Kiefernspanner, Borkenkäfer, Nonnenraupe) befallen und die geschwächten Wälder durch Sturm- und Schneebruch zerstört.

Das Ziel heutiger Forstwirtschaft ist der Aufbau standortgerechter, naturnaher gemischter Wälder, die Schutz und Erholungsfunktion erfüllen und bei deren Holznutzung das komplexe Ökosystem des Waldes nicht zerstört wird.

Erholung am Waldrand

10

Wälder schützen Mensch und Umwelt

Der Wald spielt eine große Rolle beim Klimaschutz. Seine Bäume nehmen bei der Fotosynthese das „Treibhausgas" Kohlendioxyd (CO_2) auf und binden es in ihrem Holz. Pro Jahr und ha Wald werden so durchschnittlich 7–8 t Kohlenstoff gespeichert. Kohlendioxyd, vom wachsenden Baum in Nährstoffe umgewandelt, bleibt auch im Holz des gefällten Baumes und in dem aus ihm gefertigten Gegenstand, z.B. einem Möbelstück, gebunden. Es wird erst wieder frei, wenn das Holzstück verbrannt wird oder verrottet. Dann wiederum wird es zum Nährstoff nachwachsender Bäume. Der Wald wirkt aber auch ausgleichend auf das Klima seiner unmittelbaren Umgebung: Er verhindert das Entstehen und Abfließen von Kaltluft. An heißen Tagen gibt er kühle Luft an das Umland ab. Ein Wald filtert aus der Luft Ruß und Staub und kann in seinem Boden große Wassermengen speichern. Er reinigt Niederschläge und sorgt in regenarmen Zeiten für Wasserausgleich. Mit ihren Wurzeln halten die Waldbäume den Boden fest und schützen ihn vor Austrocknung und Erosion. Als Schutzwald im Gebirge verhindern sie Steinschlag, Lawinen- und Murenabgänge. Ein Wald dämpft Lärm und Wind.

Wälder sind gefährdet. Wälder sind seit jeher natürlichen Gefahren wie Feuer, Sturm oder Schädlingsbefall ausgesetzt. Ist das Ökosystem in Ordnung, kann sich der Wald von selbst regenerieren. Die Stabilität des Waldes nimmt mit seiner Artenvielfalt zu. Wird jedoch vom Menschen eingegriffen, z.B. durch hohe Übernutzung, durch Anbau von Baumarten an ungeeigneten Standorten, durch starke Schadstoffbelastung in der Luft und im Boden (Übersäuerung), kann der Wald dauerhaft verändert und zerstört werden. Beim „Waldsterben" wirken mehrere schädigende Faktoren zusammen, doch die Luftschadstoffe spielen eine entscheidende Rolle. Verstärkt wird die Wirkung durch extreme Wetterbedingungen wie Frost, Sturm, Nassschneefall (Schneebruch) oder lang anhaltende Trockenheit, die die Entwicklung von Schadinsekten oder Pilzen begünstigen.

Der Waldboden filtert Regen zu sauberem Grund- und Trinkwasser.

Bergwald als Schutzwald

Luftaustausch an heißen Tagen

Schädigung durch Schadstoffe aus der Luft

Aus einem Sämling wird ein Baum

Die männliche Blüte der Schwarzerle ist im Winter purpurfarben, beim Aufblühen gelbgrün.

Linde, Naturdenkmal im Schlosspark Nymphenburg, München

Eule beim Sonnen in der Asthöhle einer alten Eiche

Bäume wachsen als Pflanzen nicht nur in die Höhe, sondern nehmen allmählich auch an Dicke und Umfang zu. Während der Zeit der Baumblüte werden leichte, winzige Pollen männlichen Blütenstaubes tagsüber von thermischen Aufwinden in die Höhe getragen, um nachts langsam wieder herabzusinken und weibliche Blüten zu befruchten. Der befruchtete Samen fällt zur Reifezeit z. B. als Blattsamen aus den geöffneten Schuppen eines Fichtenzapfens oder als kantiger Kern aus der stacheligen Schale einer Buchecker. Sind die Bedingungen günstig, treiben aus dem Sämling eine Keimwurzel und ein Trieb mit zwei Keimblättern. Mit weiteren arttypischen Blättern wächst der Keimling zum Spross. Aus dem Spross entwickelt sich der Stamm des Baumes. Er trägt die aus Ästen, Zweigen und Blättern oder Nadeln bestehende Krone mit ihrem arteigenen Aussehen. Durch das Austreiben der Endknospen vergrößert sie sich jährlich um einen Trieb bestimmter Länge. Unter der Erde ist der Baum mit seinen Wurzeln verankert. Auch sie haben unterschiedliche Wuchsformen. Die Kiefer z. B. hat eine tief greifende Pfahlwurzel, die Fichte dagegen ist flach wurzelnd und Tanne und Rotbuche haben ein herzförmiges Wurzelsystem, bei dem die Wurzeltriebe schräg in den Boden dringen.

Bäume leben lang – Holz lebt länger. Bäume haben ein natürliches Lebensalter. Es ist höher als das anderer Lebewesen und ist abhängig von der jeweiligen Art. Ein Baum ist ausgereift, wenn er beginnt, die Nährstoffaufnahme zu verringern. Die älteste bekannte Baumart ist die kalifornische Grannenkiefer mit 4900 Jahren. Europäische Nadelbäume mit einem Alter von 300 Jahren sind selten. Bereits bei 145–165 Jahren spricht man von „Veteranen". Metusalems von 1000-jährigen Eichen, 900-jährigen Olivenbäumen oder 800-jährigen Linden wer-den zu Naturdenkmälern erklärt. Durchschnittlich haben Eichen mit 250 Jahren, Buchen und Lärchen mit 140, Kiefern mit 120 und Fichten mit 100 Jahren ihr Reife- und Nutzungsalter erreicht.

„Baumschule": Laubbaumkeimlinge und Sprösslinge mit Zuckerhutfichte

Nahrung aus Luft, Licht und Wasser

Mit seinen Wurzeln nimmt der heranwachsende Baum Wasser und die in ihm gelösten Nährstoffe (Mineralien) auf. Über die grünen Blätter oder Nadeln seiner Krone findet die andere Form seiner Ernährung statt, die Fotosynthese. Stärke- und Zuckerverbindungen werden von den Blättern aus durch die Bastschicht in alle Teile des Baumes geleitet. Durch die Kambiumschicht gelangen sie in das Splintholz, in dem sie verteilt und gespeichert werden. Das Kambium ist die wichtigste Gewebeschicht für das Wachstum des Baumes und für die Entstehung von Holz.

FOTOSYNTHESE

Mit Hilfe des Sonnenlichts werden Kohlendioxyd aus der Luft und Wasser aus dem Boden in Zucker und Sauerstoff umgewandelt. Der Sauerstoff wird an die Atmosphäre abgegeben. Das in den Blättern eingelagerte grüne Pigment, das Chlorophyll, dient dabei als Katalysator, das Sonnenlicht als Energiequelle.

DAS KAMBIUM

Das Kambium bildet einen dünnen, stammschließenden Gewebemantel zwischen der Rinde und dem Holzkörper. Das Geflecht aus Röhren und Fasern ist mit bloßem Auge nicht sichtbar. Während der Wachstumsperiode des Baumes teilen sich die Kambiumszellen und bilden neue Zellen, die entweder nach außen zur Bastschicht und Rinde wachsen oder nach innen, dem Kern zu, wo sie neue Holzzellen bilden.

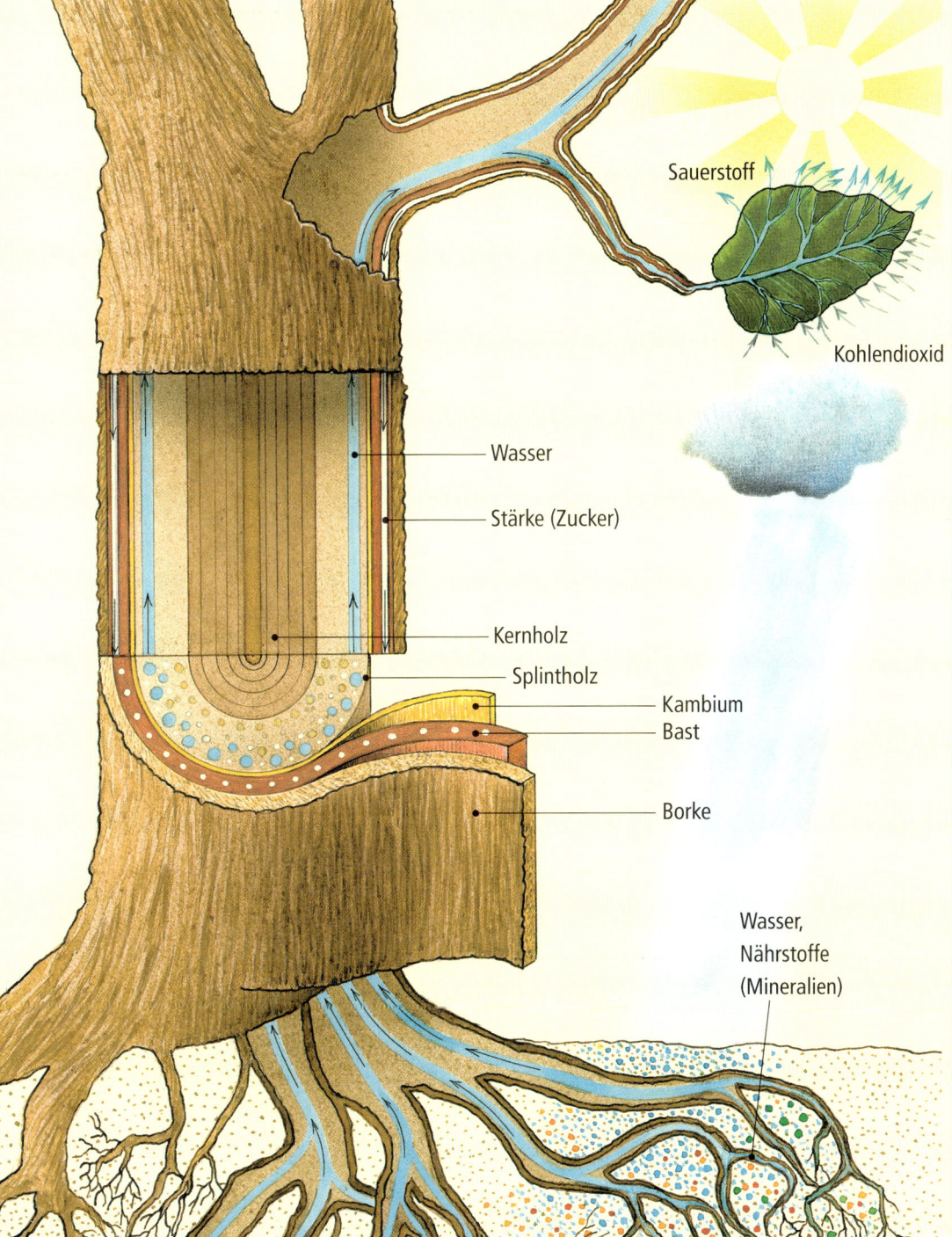

Sauerstoff

Kohlendioxid

Wasser

Stärke (Zucker)

Kernholz

Splintholz

Kambium

Bast

Borke

Wasser, Nährstoffe (Mineralien)

Laub- und Nadelbäume

Edeltanne mit jungen Trieben

Blüte der Schwarzkiefer (männl.) vor der Öffnung

Blühende Rosskastanie – nur die Blüten mit gelben Farbflecken (Saftmale) produzieren Nektar.

Buchenlaubfärbung

Unser Holz liefern die beiden größten Baumgruppen der Erde, die Laub- und Nadelbäume. Die typische Wuchsform der meisten Nadelbäume (Koniferen) ist der durchgehende Hauptstamm mit seitlichen Nebenästen, die eine kegelförmige, spitz zulaufende Krone bilden. Bei Kiefern (ebenso bei Zeder, Pinie) erstarken mit zunehmendem Alter auch die Seitenarme und verändern so das Erscheinungsbild des Baumes. Ihre Blätter bezeichnen wir als Nadeln. Sie sind lederhart, spitz und dünn zulaufend oder flach und abgerundet. Bis auf wenige Ausnahmen (z.B. Lärche) sind sie immergrün und schützen ihre Samen in Zapfen. Laubbäume haben meist eine dichte runde Krone, die aus mehreren Hauptästen und vielfachen Verzweigungen gebildet wird. Licht und Wind beeinflussen die Wuchsform: Frei stehende Bäume entwickeln volle, dichte Kronen, mit weit herabreichenden Ästen. Bei sehr dicht stehenden Bäumen stellen die unteren Äste bald ihr Wachstum ein. Die Stämme bleiben im unteren Bereich meist astfrei, die Kronen sind schmal und überlappend (s. Monokulturen). Kronen mit einseitigem Wuchs bekommen Bäume, die an Standorten mit bestimmter Windrichtung, z.B. am Meer, wachsen (Windschur). Alle Laubbäume sind Blütenpflanzen. In gemäßigten Regionen verlieren sie im Herbst ihre Blätter und bereiten sich auf die Winterruhe vor. Das Holz beider Baumgruppen unterscheidet sich in seinem Aufbau durch Beschaffenheit und Zusammensetzung seiner Zellen. Bei den Nadelbäumen sind es röhrenförmige, dünnwandige Zellen (Tracheiden), die den Wassertransport regeln, dickwandige Zellenverbände sorgen für Festigkeit. Die Faserzellen der Laubhölzer sind nadelförmig und kürzer. Gefäße aus kurzen, röhrenartigen Zellen mit größerem Durchmesser leiten das Wasser, kurze, kastenförmige Zellen speichern die Nährstoffe. Nadelholz wird zusätzlich noch von Harzkanälen durchzogen. Im Splintholz ist das Harz noch flüssig, im Kernholz bereits verfestigt.

Winterlinde

Buchen am Hang

Eine Baumscheibe erzählt

An einem gefällten Baumstamm sind meist drei verschiedene Zonen deutlich zu erkennen: innen, in engen Ringen, das dunkler gefärbte Mark- oder Kernholz. Bei der Verwertung ist es das dauerhafteste und wertvollste Holz. Um den Kern herum liegt das hellere, noch Saft führende Splintholz in breiteren Ringen. Es kann teilweise noch Nährstoffe aufnehmen, zum Teil leitet es den Saft von den Wurzeln aufwärts, kann aber keine Nährstoffe speichern. Die Rinde bildet die äußere Schicht, dazwischen liegt der Bast. Die Bastschicht leitet die in den Blättern oder Nadeln entwickelten Nährstoffe zu den Kambiumzellen. Durch zunehmenden Umfang dehnt sich die Bastschicht des Baumes, reißt auf, trocknet aus und wird zur Borke oder Rinde. Das Ringbild der Baumscheibe hält wie eine Chronik Witterungsbedingungen und andere Einflüsse auf das Leben des Baumes fest. Ein Ring, mit der zum Kern zeigenden, hellen Innenseite und dunklen Seite nach außen, zeigt ein Jahr im Leben des Baumes an. Der helle Teil des Ringes ist das so genannte Frühholz. Es entsteht im Frühling, zu Beginn der Wachstumsperiode. Es ist weicher und besteht aus größeren Zellen. Im Sommer wächst der Baum weniger und im Winter gar nicht. Das Ende der Wachstumsperiode wird mit der dunkleren Färbung des Ringes, dem so genannten Spätholz mit seinen dichteren und härteren Zellen angezeigt. Bei einigen Bäumen (Buche, Eiche) sind außer den Jahresringen noch deutlich die querenden, so genannten Holzstrahlen zu sehen. Es sind Nährstoff speichernde Zellformationen, die in Bündeln oder breiten Bändern horizontal und strahlenförmig von der Markröhre, dem Zentrum, nach außen laufen. Breite Jahresringe deuten auf gute Wachstumsbedingungen, schmale auf schlechte, z. B. Trockenheit, vorzeitige Entblätterung durch Schädlingsbefall oder auf Pilzerkrankung. Die Ringabstände wechseln unter den Baumarten. Bei langsam wachsenden Sorten liegen die Jahresringe eng zusammen, bei rasch wachsenden sind sie breiter.

Frei stehende Bäume ohne Konkurrenzkampf um einen Platz am Boden und für ihre Krone haben breitere Jahresringe als Waldbäume.

BORKE äußere, abgestorbene Schutzschicht

BAST (oder Phloem)
Nährstoff leitende Innenrinde

KAMBIUM dünne, Zellen produzierende Schicht

WACHSTUMSRING (oder Jahresring)
Doppelstreifen aus hellem, breitem „Frühholz"
und dünnem, dunklem „Spätholz"

SPLINTHOLZ junge, Nährstoff leitende
und speichernde Schicht

KERNHOLZ reifes, festes Holz

MARKRÖHRE innerer Kern des Stammes

Baumscheibe der Bergkiefer: Das Mark liegt außerhalb des Stammmittelpunktes. Der Baum stand nicht senkrecht, sondern gebogen an einem Hang. Es haben sich breite Jahresringe zur Tal- und enge zur Bergseite gebildet.

Wälder liefern Holz

Holz – ein nachwachsender Rohstoff

Seine Produktion verbraucht weder fossile Energien wie Öl oder Gas, noch werden umweltschädigende Substanzen freigesetzt. In den Wirtschaftswäldern Mitteleuropas findet durchschnittlich alle fünf Jahre eine Durchforstung statt. Genutzt wird das Holz ausgewachsener Bäume. Mit der Holznutzung findet zugleich Waldpflege statt, denn die Kohlenstoffeinbindung des wachsenden Baumes wird mit zunehmendem Alter immer geringer. Sie endet, wenn der Baum ausgewachsen ist. So stellen die Verwendung von heimischem Holz und eine schonende Holzwirtschaft sicher, dass unsere Wälder weiter ihre Schutz- und Erholungsfunktion erfüllen können.

Holz wird vielseitig genutzt

Holz ist ein umweltverträglicher Bau- und Werkstoff, seine Verwendungsmöglichkeiten sind unbegrenzt. An der Holzverwertung ist die Industrie beteiligt: die Sägebetriebe, die Bauwirtschaft, die Möbelindustrie, die Platten- und Furnierherstellung, die Zellstoff- und Papierindustrie. Bei der Gewinnung und Verarbeitung von Holz wird weniger Energie als bei anderen Baustoffen benötigt. Aus Holz werden Häuser, Kirchen, Brücken und Hallenkonstruktionen mit beeindruckenden Spannweiten gebaut. Man verwendet es für Dachstühle, Wandverkleidungen, Decken und Fußböden ebenso wie für Schiffe, Musikinstrumente, Sportgeräte, Spielzeug usw.

Dachstuhl

Zaun

Brunnenfigur

Buchheim Museum, Bernried, Architekt G. Behnisch

Brücke im Altmühltal, Architekt R. J. Dietrich

Europäische Hölzer

Baum	Farbe	Eigenschaften	Verwendung
Nadelbäume			
Fichte	gelblich weiß bis rötlich weiß	leicht, elastisch, fest	Hoch- und Tiefbau, für Möbel, Furniere, Papierherstellung
Tanne	weiß bis grau-weiß	leicht, elastisch, zäh, nicht harzhaltig	siehe Fichte
Kiefer	gelblich bis rötlich	elastisch, sehr harzhaltig, Kernholz dunkelt stark nach	als Bauholz, für Möbel, Fußböden, Furnier- und Sperrholz
Zirbelkiefer	Splint gelblich, Kern rötlich	leicht, gut zu bearbeiten, verströmt starken Harzgeruch	zum Innenausbau, für Vertäfelungen, Möbel, Schnitzarbeiten und Modellbau
Lärche	rötlich braun, nachdunkelnder Kern	zäh, dauerhaft, angenehm riechend, auch unter Wasser sehr haltbar	Bauholz für innen und außen, für Möbel, Furniere, Dachbedeckungen, Wasserbau
Laubbäume			
Rotbuche	gelblich weiß, dunkelt gelbbraun nach, wird durch Dämpfen braun	fest, gleichmäßig gezeichnet, schwindet stark beim Trocknen, neigt zum Reißen, kann stark belastet werden	einfache Möbel, Fuß- und Parkettböden, Werkzeuggriffe, Stiele
Eiche	gelbbraun bis lederbraun, grauweißer Splint	schwer, riecht säuerlich	als Bauholz für Innen- und Außenbau, Möbel, Parkett, Brücken- und Wasserbau
Ahorn	weiß bis gelbweiß, wird grau	hart, zäh, schwindet mäßig, reißt beim Trocknen leicht	Furniere, Haushaltgeräte, Instrumente
Linde	weiß gelblich bis hellbraun	zäh und elastisch, gut zu bearbeiten und zu beizen	Holzbildhauer- und Drechselarbeiten, Klavierbau, als Blindholz und Absperrfurnier
Erle	weiß bis gelbrot	weich, gut zu beizen, färben und polieren	Möbel, Instrumente, Bilderrahmen
Birke	weiß bis rötlich weiß	fest, zäh, elastisch, dunkelt stark nach, „flammige" Zeichnung	Furnier und Sperrholz, Möbel und Parkett, zur Markierung von Untiefen

Vom Stamm zum Brett

Gefällte und ausgeformte Stämme

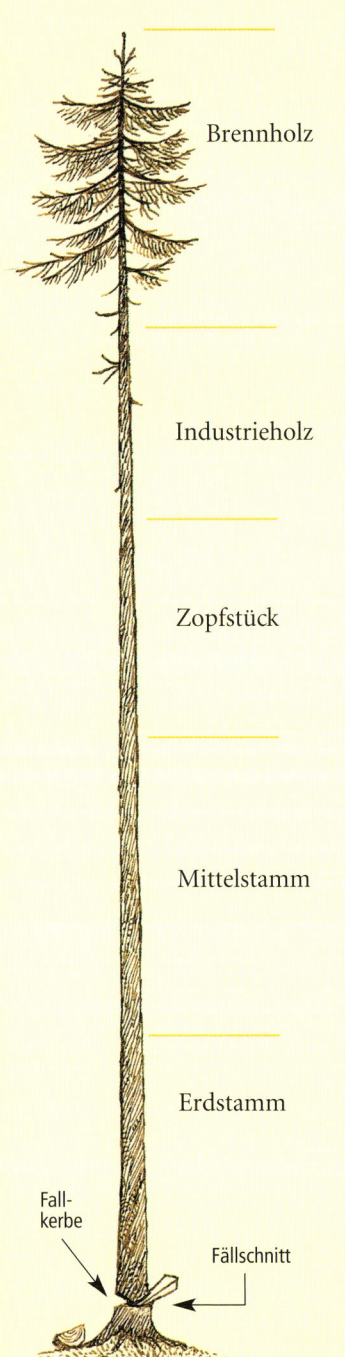

Brennholz

Industrieholz

Zopfstück

Mittelstamm

Erdstamm

Fall-kerbe

Fällschnitt

Im Winter, wenn der Saftfluss des Baumes stagniert, der Boden hart gefroren und die Gefahr von Pilz- und Insektenbefall für das gefällte Holz am geringsten ist, findet der Holzeinschlag statt. Äste und Krone des Baumes werden entfernt, bei Nadelholz meist auch die Rinde (Vorbeugemaßnahme gegen Holzschädlinge). Das Stammholz wird in Güteklassen eingeteilt und sein Volumen berechnet – „ausformen" ist der Fachausdruck für diese Tätigkeit. Das gefällte, ausgeformte Holz wird vom Fällplatz zu einem befahrbaren Waldweg geschafft und von dort zum Sägewerk transportiert. Dort wird es bis zum Schnitt trocken oder im Wasser (Schutz vor Rissbildung und Schädlingsbefall) gelagert. Im Sägewerk werden lange Stämme in zwei oder drei Teile – Erdstamm, Mittelstamm, Zopfstück – zerlegt. Der Erdstamm liefert das wertvollste Holz. Zum Einschneiden des Stammholzes kommen Sägewerkmaschinen wie Gatter-, Band-, Kreis- und Kettensägen zum Einsatz. Man ist darauf bedacht, den Stamm so gut wie möglich auszunützen. In das Senkrechtgatter lassen sich bis zu 20 Sägeblätter mit unterschiedlichen Abständen einspannen, je nach Dicke der gewünschten Bohlen und Bretter. Wie der Stamm von unten nach oben konisch zuläuft, so laufen auch Bohlen und Bretter konisch, an den Rindenseiten schräg abfallend, zu. Vor ihrer Verwendung werden die Hölzer „parallel besäumt", d. h. ihre Kanten gerade geschnitten. Bohlen und Bretter werden gehobelt und ungehobelt in genormten Dicken angeboten. Außer den Maßen und der Holzart ist beim Einkauf auch die Güteklasse zu beachten, sie wird von A–D gekennzeichnet. Berücksichtigt werden dabei natürliche Fehler, wie Äste, Drehwuchs, Krümmungen oder „Rotholz", aber auch nach dem Fällen entstandene Fehler, wie Verfärbungen, Trocknungsrisse oder Insektenbefall.

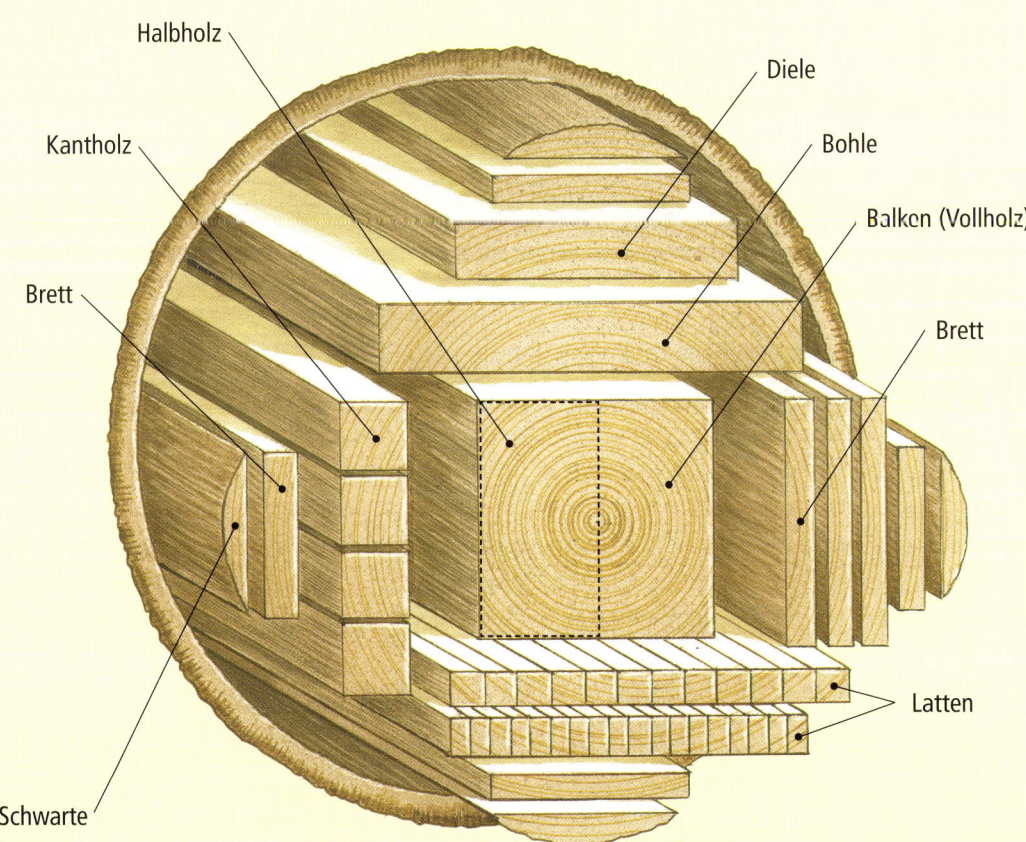

Halbholz

Diele

Kantholz

Bohle

Balken (Vollholz)

Brett

Brett

Latten

Schwarte

In den Zellen frisch geschnittener Bäume sind – je nach Jahreszeit, Art, Standort und Alter – hohe Feuchtigkeitswerte festzustellen. Deshalb ist Holz in der Regel für eine Sofortverwendung ungeeignet. Erst durch langsames, gleichmäßiges Trocknen wird ihm die Feuchtigkeit entzogen. In unserem Klima braucht Nadel- und Weichholz dazu ca. ein Jahr, Hartholz zwei bis drei Jahre. In Trockenkammern oder Darrschränken kann die Trocknungszeit verkürzt werden.

Sägewerk, im Vordergrund luftig lagerndes Schnittholz – im Hintergrund liegen parallel besäumte Stämme für die Weiterverarbeitung bereit.

Holzspäne, Material für die Papier- und Plattenherstellung

HALBFABRIKATE

Halbfabrikate sind Holzerzeugnisse, die ihrer späteren Verwendung entsprechend bearbeitet werden, z. B. Profilbretter, Profilleisten, Rundhölzer, Leisten und Kanthölzer bis zu 60 mm Dicke. Sie sind in großer Vielfalt in Heimwerkermärkten erhältlich und bilden beim Werken neben Sperrholz das häufigst verwendete Holzprodukt.

Bezeichnung für Schnittholz

Balken	Dicke ab 200 mm
Halbhölzer	halber Balken, mind. 200 mm x 100 mm
Bohlen	Dicke 40 mm, Mindestbreite: zweifache Dicke
Dielen	10–32 mm
Bretter	Dicke 8–39 mm, Mindestbreite 80 mm
Latten	Querschnittfläche nicht größer als 32 cm²
Kreuzhölzer	Querschnittfläche mehr als 32 cm²
Kanthölzer	quadratischer oder rechteckiger Querschnitt, Seitenlänge mindestens 60 mm, große Querschnittseite höchstens dreimal so groß, wie die kleine; ist die größere Querschnittseite größer als 200 mm, so spricht man von Balken.

Holzeigenschaften

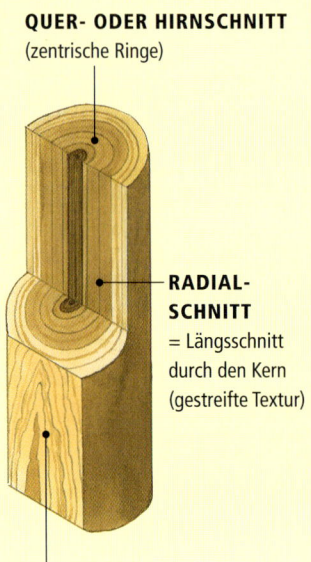

RADIAL-SCHNITT
= Längsschnitt durch den Kern (gestreifte Textur)

TANGENTIALSCHNITT
= Längsschnitt außerhalb des Kerns (gefladerte Textur)

Beim Aufsägen des Stammes werden die Jahresringe in verschiedenen Winkeln angeschnitten. An der Zeichnung des Holzes, die sich daraus ergibt, kann man erkennen, von welcher Stelle des Stammes das Holz stammt.

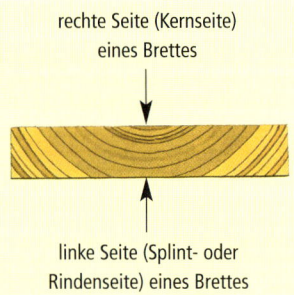

rechte Seite (Kernseite) eines Brettes

linke Seite (Splint- oder Rindenseite) eines Brettes

Hölzer haben eine natürliche Zeichnung (Textur). Mal ist sie schwach, mal kräftiger ausgebildet und je nach Schnittverlauf und Holzart gestreift, gefladert, geflammt, blumig, wimmerig und mehr. Ihre Farben sind meist warm und hell und ihre Oberflächen zeigen einen natürlichen Glanz (Ahorn, Linde, Platane). Sie fühlen sich angenehm warm an, denn sie haben eine geringe Wärmeleitfähigkeit und wirken wie Isolatoren, z. B. bei Sitzflächen oder Griffen von Arbeitsgeräten. Frisch geschnittenes Holz hat einen typischen Geruch. Er wird von eingelagertem Harz, Wachs und Ölen verursacht, die sich schnell verflüchtigen. Die Verwendbarkeit eines Holzes für einen bestimmten Zweck hängt weitgehend von seiner Rohdichte und Faserbeschaffenheit ab. Unter „Rohdichte" versteht man das Verhältnis von Holzmasse zu Volumen. Die Holzfestigkeit spielt beim Widerstand des Holzes gegenüber von außen einwirkenden Kräften eine große Rolle. Je nach Beanspruchung kann es sich dabei um Druck-, Zug-, Torsions-, Biege-, Knick- oder Spaltfestigkeit handeln. Je höher die Dichte des Holzes, umso höher ist seine Abriebfestigkeit, d.h. der Widerstand, den es dem bearbeitenden Werkzeug entgegensetzt. Die Einteilung in Laub- und Nadelholz sagt noch nichts aus über seine Festigkeit.

Formveränderung beim Trocknen. Holz „arbeitet": Beim Trocknen gibt es Feuchtigkeit an die umgebende Luft ab, bis die Feuchtigkeitsunterschiede ausgeglichen sind. Die Zellzwischenräume verengen und die Zellwände verhärten sich dabei, das Holz „schwindet". Wird trockenem Holz Feuchtigkeit zugeführt, weiten sich die Zellzwischenräume, das Holz quillt und dehnt sich wieder aus. Dieses Arbeiten des Holzes wirkt sich unterschiedlich in den Holzlagen aus: Der Schwund im jungen Splintholz ist größer als im Mittelholz, d.h. die Gefahr, dass sich Bretter aus der Mitte des Stammes wölben und werfen ist geringer, als beim äußeren Schnittholz. Unter „sich werfen" versteht man die Eigenschaft von Brettern, sich nach der Seite hin zu krümmen, die früher der Rinde zugekehrt war. Die hohle oder voraussichtlich hohl werdende Außenseite des Brettes wird als linke Seite bezeichnet, die gewölbte als rechte. Beim Vernageln und Zusammenleimen von Brettern muss darauf Rücksicht genommen werden. Nur das Herz- oder Kernbrett hat zwei linke Seiten und wirft und verzieht sich nur gering.

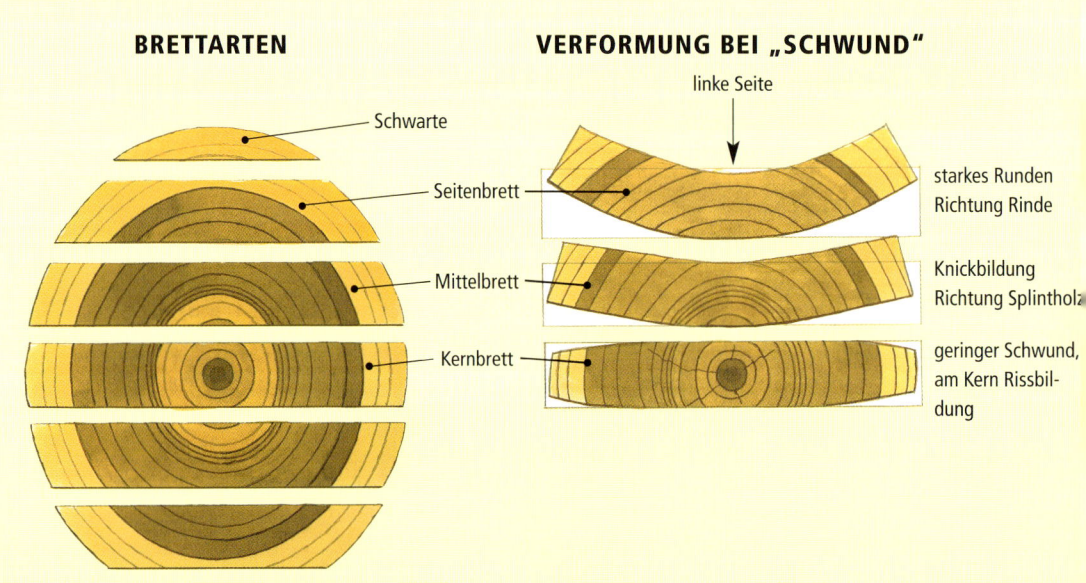

BRETTARTEN

Schwarte

Seitenbrett

Mittelbrett

Kernbrett

VERFORMUNG BEI „SCHWUND"

linke Seite

starkes Runden Richtung Rinde

Knickbildung Richtung Splintholz

geringer Schwund, am Kern Rissbildung

In der Regel ist Holz parallel zur Faser fünf- bis achtfach druckfester, als quer zu ihr. Schub- und Zugfestigkeit spielen eine Rolle beim Sägen, Stemmen, Feilen und Schleifen: Quer zur Faser ist diese Festigkeit wesentlich geringer, als in der Längsrichtung. Die Torsions- (Verdrehen in der Längsachse) und Knickfestigkeit muss besonders bei Bearbeitung und Beanspruchung schlanker Holzteile beachtet werden. Die Biegefestigkeit (z.B. Regalbretter) verstärkt sich bei großer Rohdichte, geringer Feuchtigkeit und bei gleichmäßigem Faserverlauf. Biegbar ist Holz dann, wenn es nach Beseitigung von Biegehilfen nicht mehr in seine ursprüngliche Form zurückkehrt. Nasses Holz (z.B. Birke) oder gedämpftes Holz (z.B. Rotbuche) ist für gebogene Sitzmöbel besonders geeignet. Elastisch ist Holz, das nach Verbiegen in seine Ursprungsform zurückfedert (z.B. Esche, Lärche), für Sportgeräte ist es ideal. Holz ist spaltfest, wenn es der Trennung durch einen Keil (Beil, Messer, Stemmeisen) in Faserrichtung Widerstand entgegensetzt, wie z.B. Ahorn, Birke, Ulme. Dagegen lassen sich Fichte, Kiefer, Eiche, Esche, Erle und Lärche gut spalten. Spaltholz wird beispielsweise für Schindeln, Fassdauben oder Ruder verwendet. Holz wirkt kaum schalldämmend, die Ausbreitung von Schallwellen in Holzfaserrichtung ist groß. Durch in Schwingung versetztes Holz lässt sich eine Resonanz erzeugen, die der Instrumentenbauer nützt (z.B. Kirsche, Fichte, Bergahorn).

Gebrochenes Splintholz der Eiche

Dach mit Spaltholz-Schindeln aus Fichte

Geige aus Fichtenholz, Ahorn und Ebenholz

Härteeinteilung heimischer Hölzer

sehr weich	Linde, Pappel, Weide
weich	Birke, Erle, Fichte, Tanne
mittelhart	Edelkastanie, Kiefer, Lärche
hart	Ahorn, Eibe, Esche, Nussbaum, Kirsche, Rotbuche, Eiche, Ulme (Rüster)
sehr hart	Buchsbaum, Weißbuche

Dampfersteg aus Lärchenholz, das unter Wasser besonders widerstandsfähig ist.

Industrieholz

Naturholz, auch verarbeitet, zeigt einige unerwünschte Eigenschaften: Es reagiert auf die Umgebung, auf Trockenheit und Feuchtigkeit und reißt, verzieht oder wirft sich. Die Industrie verwendet deshalb kaum noch Massivholz, sondern bereitet es technisch so auf, dass die nachteiligen Eigenschaften verschwinden und die positiven erhalten oder sogar verbessert werden. Möbelhersteller arbeiten heute in der Regel mit Holzwerkstoffplatten, die sie nicht selbst herstellen, sondern aus Fabriken und vom Holzfachhändler als „halbfertige" Ware beziehen. Sie dienen als Träger für eine dünne Furnierholzschicht mit attraktiver Zeichnung und holztypischer Struktur, die aufgeleimt wird. Die Platten sind maßhaltig (sie werfen sich nicht), sind überall gleich stark belastbar, elastisch, zäh und seit den Dreißigerjahren durch wasserfeste Verleimung und Imprägnierung auch für die Bauindustrie interessant geworden.

Furniere

Furniere sind dünne Deckblätter aus wertvollem Holz, die auf billigeres Holz oder Industriehölzer aufgeklebt werden. Durch die Furnierherstellung stehen Laubholzarten zur Verfügung, die bei einem Möbelstück aus Massivholz kaum zu bezahlen wären.

Sperrholz-Schichtplatten

Sperrholzplatten, auch als Furnierplatten bezeichnet, werden so aufgebaut, dass die Faserrichtung der benachbarten Lagen immer rechtwinklig zueinander verläuft. Die kreuzweise drei- oder mehrlagig verleimten Furnierschichten

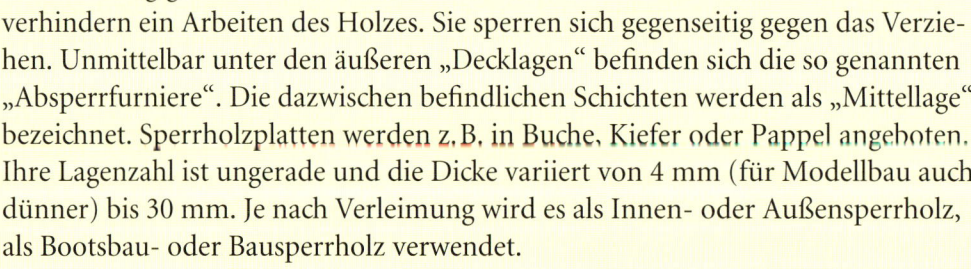

Sperrholz,
Schema der Laufrichtung

verhindern ein Arbeiten des Holzes. Sie sperren sich gegenseitig gegen das Verziehen. Unmittelbar unter den äußeren „Decklagen" befinden sich die so genannten „Absperrfurniere". Die dazwischen befindlichen Schichten werden als „Mittellage" bezeichnet. Sperrholzplatten werden z. B. in Buche, Kiefer oder Pappel angeboten. Ihre Lagenzahl ist ungerade und die Dicke variiert von 4 mm (für Modellbau auch dünner) bis 30 mm. Je nach Verleimung wird es als Innen- oder Außensperrholz, als Bootsbau- oder Bausperrholz verwendet.

Furnierholz,
von oben nach unten:
Birne
Ahorn
Erle
Amerik. Ahorn
Eiche
Kiefer
Buche (gedämpft)
Kirsche

22

Stab- und Stäbchenplatten

Sie sind ebenfalls Sperrholzplatten und werden auch als „Tischlerplatten" bezeichnet. Ihre Mittellage besteht aus rechteckigen, stehend oder liegend verleimten Fichten- oder Kiefernholzstäben bzw. Stäbchen. Es ist steifes Plattenmaterial, das im Möbelbau als Furniergrund sehr geschätzt wird und das in Stab- oder Stäbchenrichtung hoch belastbar ist.

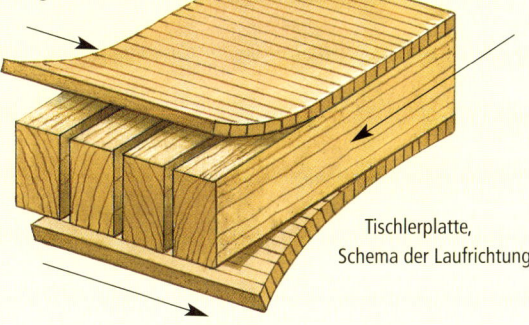

Tischlerplatte,
Schema der Laufrichtung

Leimholzplatten

Diese Platten sehen dem Massivholz sehr ähnlich, sie bestehen aus verleimten Leisten, die an der Oberfläche glatt gehobelt und geschliffen werden. Sie sind so verleimt, dass die linke und rechte Seite der Leisten wechselt (sichtbar an den gegenläufigen Jahresringen an der Stirnseite). Dadurch wird das Arbeiten des Holzes eingeschränkt.

Leimholz

Spanplatten

Mit Kunstharzleim vermischte Holzspäne werden in Heizpressen unter hohem Druck zu glatten Platten geformt. Die Späne, entstanden aus Rest- und Abfallholz von Sägewerken und Holzfabriken, können gleichmäßig oder schichtweise fester und lockerer gepresst und fein oder grob verarbeitet werden. Spanplatten sind spröde und nur mäßig belastbar, jedoch preiswert und in großer Auswahl furnierholz- oder kunststoffbeschichtet erhältlich.

Holzfaserplatten

Sie bestehen aus kleinsten Holzteilchen und Fasern, die mit Wasser erschlossen werden, um dann – mit Leim versetzt – auf Siebmaschinen entwässert und anschließend zu homogenen Platten gepresst zu werden. Je nach Faserdichte werden so Hartfaserplatten (z. B. für Schubladenböden, Möbel-Rückwände) mit einer glatten und einer rauen Seite (= Siebseite), mittelharte Holzfaserplatten (für Wandverkleidungen) und mitteldichte Holzfaserplatten (MDF) hergestellt. Die mitteldichte Holzfaserplatte ist beidseitig glatt und hat ein sehr feines Gefüge. Sie lässt sich sehr sauber und wie Massivholz bearbeiten.

Spanplatte
Spanplatte, beschichtet
Holzfaserplatte

Holzwerkzeuge und Hilfsmittel

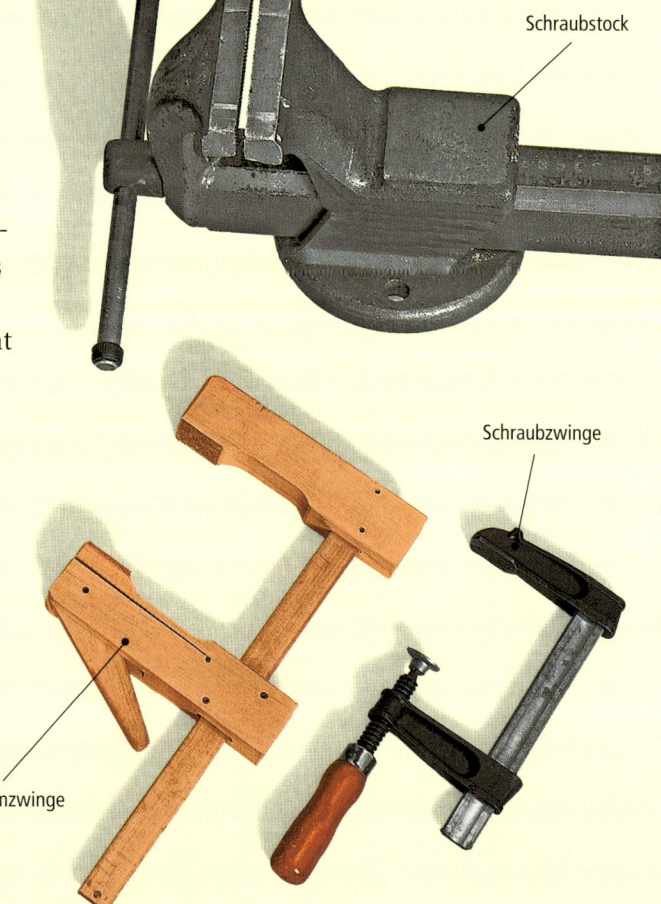

Haltevorrichtungen

WERKBANK Ähnlich der Hobelbank des Tischlers, mit dicker Arbeitsplatte aus Rotbuchenholz, einer hölzernen Schraubstockvorrichtung (Zange) und Löchern für den Einsatz von Bankhaken, dazu fest stehend, bietet sie ideale Voraussetzungen zum Einspannen von Hölzern: Das Werkstück wird mit Hilfe des locker an einer Spindel befestigten Zangenstocks (oder Zangenschlüssels) mit dem Zangenbrett, auch Wange genannt, gegen die Bankplatte gedrückt und festgehalten. Hölzer lassen sich hier auch senkrecht einspannen und bearbeiten. Flach liegende und längere Hölzer können von zwei Bankhaken – einer in einem entsprechenden Loch der Arbeitsplatte, einer im Zangenbrett – gehalten werden, um so z. B. ausgestemmt zu werden.

HOBBY-WERKBANK Zusammenklappbar, mit einem standfesten Unterbau aus Aluminium und einer geteilten beweglichen Arbeitsplatte mit Zangenfunktion stellt sie eine preiswerte Alternative zur massiven Holzwerkbank dar.

SCHRAUBSTOCK In einen Schraubstock aus Eisen oder Aluminium mit aufgesetzten Schutzbacken, befestigt an einer schweren Tischplatte, können kleinere Werkstücke eingespannt werden.

SCHRAUBZWINGE
Sie besteht aus einer Stahlschiene mit zwei Querarmen. Ein Arm, versehen mit einer Stahlspindel mit Kugeldruckplatte und Holzgriff, ist auf der Schiene verschieb- und feststellbar. Vor dem Einspannen muss das Spindelgewinde bis zur Kugeldruckplatte zurückgedreht sein.

HEBEL-LEIMZWINGE
Sie ist eine Zwinge mit einer Aluminiumschiene und mit Armen aus Weißbuchenholz, die mit Kork gegen Druckstellen beschichtet sind. Sie wird mit einem Exzenterhebel am verstellbaren Arm fixiert.

Werkbank mit Bankhaken und Zangenbrett

Hobby-Werkbank mit Spannbacken und Feststellkurbel

Schraubstock

Schraubzwinge

Hebel-Leimzwinge

24

Messwerkzeuge

GLIEDERMASSSTAB Aus hartem Buchsbaumholz und zusammenklappbar, er ist das traditionelle Messwerkzeug des Schreiners und sollte in keiner Werkzeugkiste fehlen. Die Metallkappe am Anfang ist zugleich der Nullpunkt.

STAHLMASSSTAB Er besteht aus elastischem Federstahl mit Halbmillimeter-Einteilung. Mit ihm lässt sich sehr genau Maß nehmen. Das Lineal liegt dabei immer im rechten Winkel zur Werkstückkante, seine linke Kante ist der Nullpunkt.

ANSCHLAGWINKEL Er dient zum Anzeichnen und Überprüfen der Rechtwinkligkeit und hat eine Metall- oder Holzzunge, die rechtwinklig in einem Anschlagblock aus Holz oder Aluminium sitzt. Der Anschlagblock wird an die Werkstückkante gedrückt und mit der Bleistiftspitze fährt man an der Unterkante der Zunge entlang. Zum Anzeichnen und Messen von Schrägen gibt es spezielle Winkel mit fester oder verstellbarer Zunge (Gehrungswinkel, Schmiege). Mit einem Zentrierwinkel lässt sich z. B. der Mittelpunkt von Rundscheiben finden.

STREICHMASS Mit einem Reißstift kann das eingestellte und fixierte Abstandsmaß parallel zur Werkstückkante eingeritzt werden. Der Anschlagblock des Streichmaßes muss dazu genau an der Kante entlanggeführt werden.

MESSLEHRE Mit diesem Messschieber und Präzisionsgerät aus Stahl lassen sich genaue Außen-, Innen- und Tiefenmessungen vornehmen.

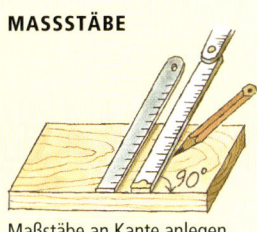

MASSSTÄBE

Maßstäbe an Kante anlegen

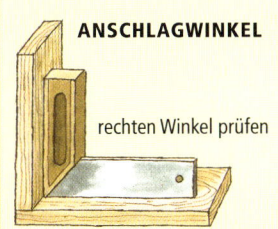

ANSCHLAGWINKEL

rechten Winkel prüfen

rechten Winkel „anreißen"

Gehrung „anreißen"

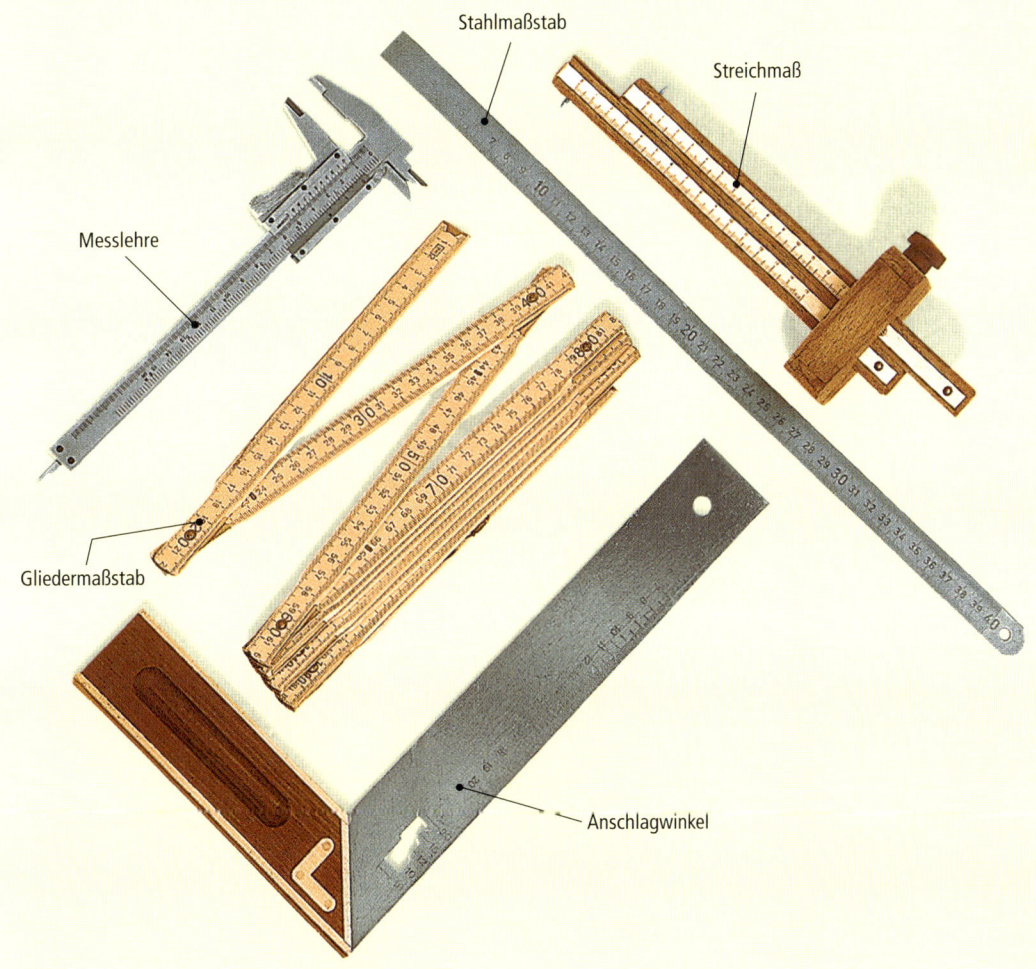

Stahlmaßstab

Streichmaß

Messlehre

Gliedermaßstab

Anschlagwinkel

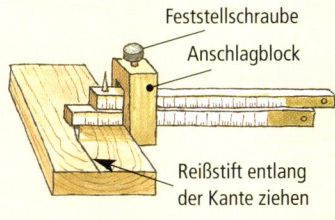

STREICHMASS

Feststellschraube

Anschlagblock

Reißstift entlang der Kante ziehen

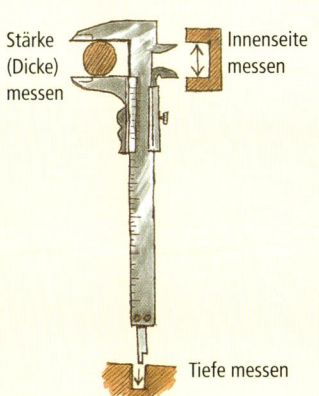

MESSLEHRE

Stärke (Dicke) messen

Innenseite messen

Tiefe messen

Sägen

Tipp

1. Eingespannte Hölzer können mit so genannten „Zulagen" aus Holzresten vor Druckstellen geschützt werden.

2. Beim Ansägen mit einer Säge auf „Stoß" wird diese zuerst schräg angesetzt und ein paarmal nach rückwärts gezogen, um einen Führungsschnitt zu schaffen. Mit leichtem Druck nach unten wird auf Stoß weitergesägt.

3. Bei genauen Schnitten wird nicht auf der Markierungslinie (Anrisslinie) gesägt, sondern genau daneben, im Abfallholz.

4. Das Abfallstück wird kurz vor dem Durchtrennen mit einer Hand gehalten und der Sägedruck verringert, damit das Holz nicht ausreißt. Auch mit einem Sägeschnitt von der Gegenseite kann dem vorgebeugt werden.

5. Beim Arbeiten mit der Laubsäge kann man mit einem Sägetisch mit v-förmigem Einschnitt als Auflage ein Vibrieren und Schwingen dünner Platten verhindern.

Holz lässt sich, außer durch Schneiden und Spalten, durch Sägen trennen. Die Bewegungen des Sägeblattes lösen Späne ab und es entsteht ein Sägeschnitt. Seine Breite und Genauigkeit richtet sich nach der Beschaffenheit des Sägeblattes. Es ist, damit es sich nicht im Holz verklemmt, „geschränkt", d. h. seine Zähne sind wechselweise nach rechts oder links außen geneigt. Seine Zackenform bestimmt die Handhabung der Säge und ist auf „Stoß", vom Griff weg zeigend oder auf „Zug", zum Griff zeigend, oder auf „Stoß und Zug", mit einer neutralen Zahnstellung (= gleichschenkliges Dreieck) versehen.

FUCHSSCHWANZ Grob gezahnt und auf Stoß sägend, wird er für die Bearbeitung größerer Hölzer und Platten eingesetzt.

RÜCKENSÄGE Sie erhält ihre Steifigkeit durch einen Rücken aus Stahl. Die kleinen, leicht auf Stoß stehenden Zähne ermöglichen einen feinen Schnitt.

FEINSÄGE Fein gezahnt sitzt das dünne Sägeblatt in einem Rückenstreifen aus Stahl und wird dadurch versteift. Sie sägt schwach auf Stoß und wird zum Ablängen von Leisten und geraden Schnitten bis zur Tiefe ihrer Rückenverstärkung verwendet. Es gibt sie auch mit gekröpfter Angel (z. B. zum Absägen von Dübeln in der Holzfläche) und mit umlegbarer Angel (lässt sich links- und rechtshändig gebrauchen).

PUKSÄGE In die kleine Bügelsäge, die auf Zug arbeitet, können feine und grobe Sägeblätter eingespannt werden. Sie wird vor allem zum Ablängen dünner Leisten und Rundstäbe benützt. Mit entsprechendem Sägeblatt kann sie auch für Metallsägearbeiten eingesetzt werden.

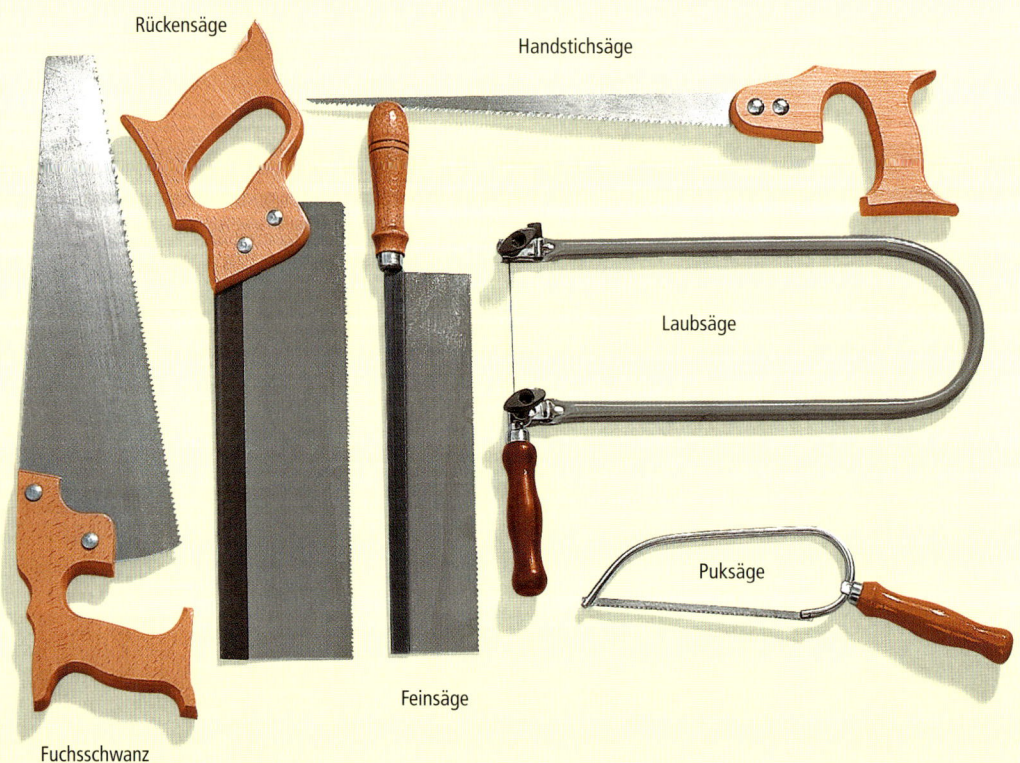

Rückensäge

Handstichsäge

Laubsäge

Puksäge

Feinsäge

Fuchsschwanz

LAUBSÄGE Früher, vor der Herstellung von Sperrholzplatten, wurde mit ihr dünn geschnittenes Laubholz gesägt, daher hat sie ihren Namen. Sie ist eine Spannsäge, arbeitet auf Zug und wird zum Schnitt von engen Kurven und Bögen in nicht zu dickem Holz und bei Platten bis 1 cm Stärke eingesetzt. Ihr dünnes Sägeblatt (Stärke: fein, mittel, grob) wird straff zwischen zwei Klemmfutter gespannt, indem man die Säge – Bogen nach unten – mit dem Körper an die Tischkante presst, zusammendrückt und das Blatt auch im oberen Klemmfutter einspannt. Die Zähne zeigen dabei nach außen und nach unten, zum Griff. Beim Sägen wird das u-förmig gebogene Rohr des Sägebogens waagrecht gehalten und – ohne Druck! – von oben nach unten gezogen. Von unten nach oben wird das Sägeblatt, leicht rückwärts geneigt, geschoben. Bei scharfer Richtungsänderung wird die Säge, damit das Blatt nicht reißt, auf der Stelle auf und ab bewegt und der Sägebogen langsam in die neue Richtung geführt (mit „Rundsägeblättern" kann die Schnittrichtung sofort, ohne Reißgefahr, geändert werden, doch der Sägeschnitt ist gröber). Bei Innenschnitten (Binnenform) wird nicht vom Rand aus, sondern von einem vorgebohrten Loch aus gesägt. Das Sägeblatt wird dazu erst in das untere Klemmfutter gespannt, durch das Loch geschoben und dann im oberen Klemmfutter der Säge befestigt.

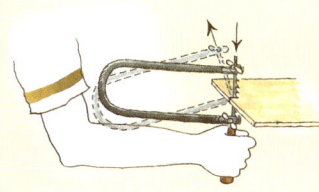

HANDSTICHSÄGE Sie wird auch Schweifsäge genannt und hat ein spitz zulaufendes, festes Sägeblatt. Sie ist speziell zum Aussägen von Binnenformen aus dickeren Brettern und Platten geeignet, die mit Bügelsägen nicht erreichbar sind. Das Sägeblatt wird dabei, wie bei der Laubsäge, durch ein vorgebohrtes Loch geschoben und angesetzt. Beim Schreiner und im Hobbybereich ist die Handstichsäge heute von der vielseitigen Elektrostichsäge verdrängt worden.

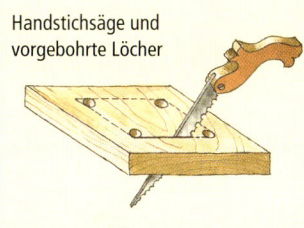

Handstichsäge und vorgebohrte Löcher

GEHRUNGSSÄGE Mit der speziellen Gestellsäge können genaue Schnitte in verschiedenen Winkeln gesägt werden. Die Grade werden im gusseisernen Fuß fixiert. Das Holzteil wird mit der Markierung vor den Sägeschlitz der Rückwand gelegt, angedrückt und von der locker gelagerten Säge durchtrennt.

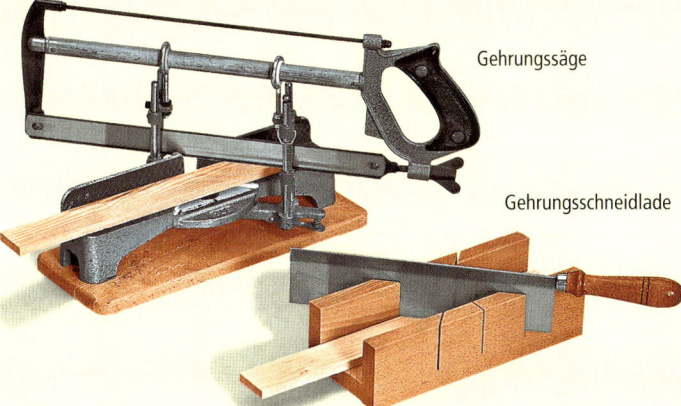

Gehrungssäge

Gehrungsschneidlade

Sägehilfen

HAND UND TISCHKANTE Dünnere Holzteile und Leisten können mit der Hand an die Tischkante gedrückt und der Überstand, knapp über den Tischrand ragend, abgesägt werden.

SÄGELEHRE Sie wird auch Schneidlade genannt. Auf einem Brett mit angeschraubten Leistenstücken lassen sich kurze Holzteile vor dem Verrutschen sichern und festhalten.

GEHRUNGSSCHNEIDLADE Mit der u-förmigen Holzform können Leisten im 45°- und 90°-Winkel angeschnitten (nicht durchgeschnitten!) werden. Das Sägeblatt wird dazu durch Schlitze in den Wangen geführt.

Tipp

Aus einem Brett mit zwei Leisten (A) oder drei Brettern (B) ist eine Schneidlade schnell selbst gebaut: Die Lade wird über die Tischkante gesetzt, das Werkstück an die hintere Wange gedrückt und beim Sägen mit der linken Hand gehalten.

SCHNEIDLADE

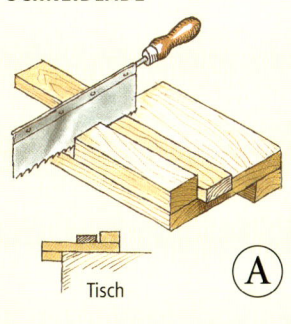

Tisch   Ⓐ

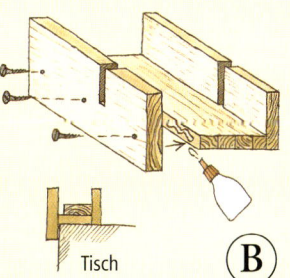

Tisch   Ⓑ

Raspel und Feile

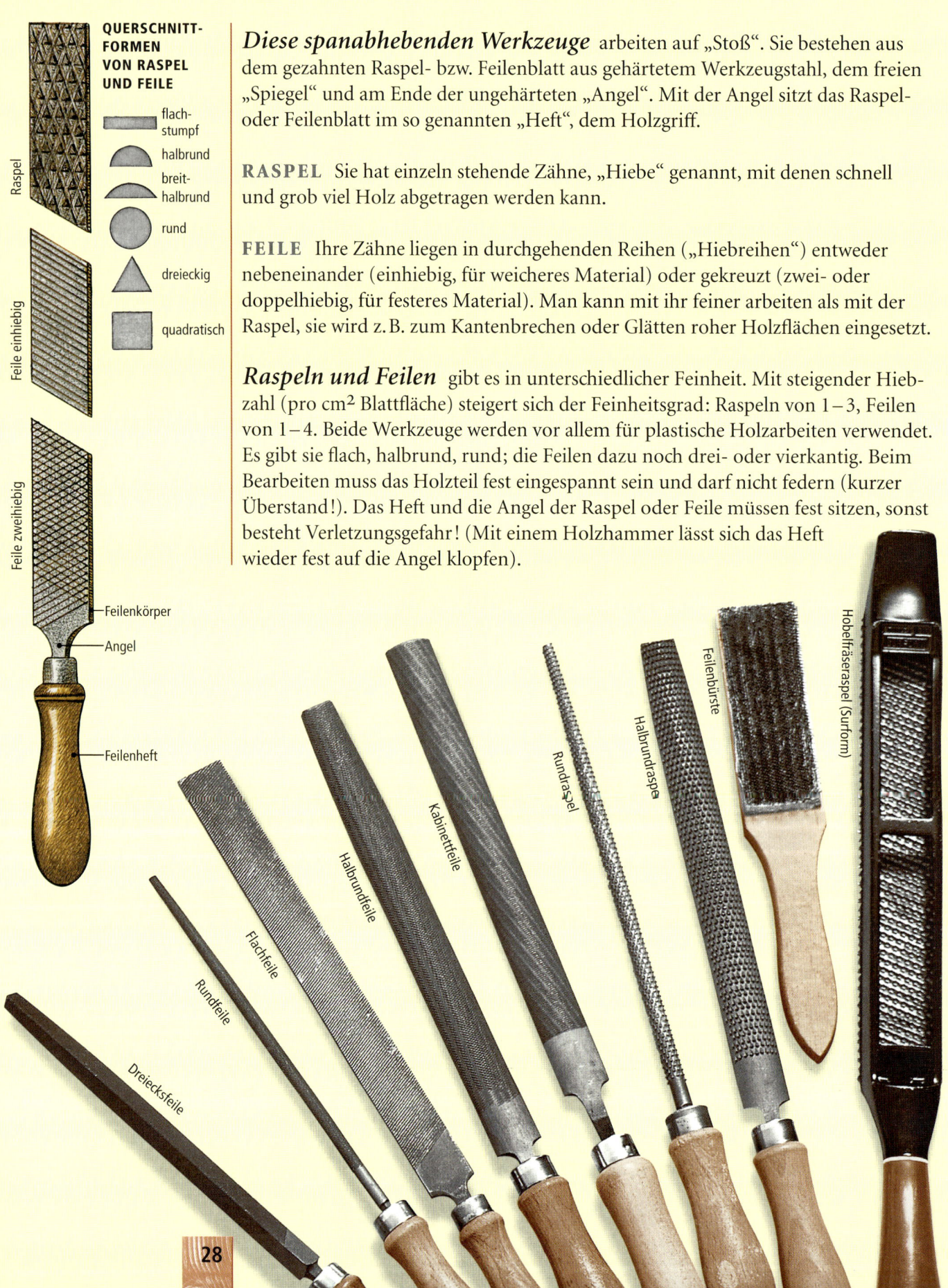

QUERSCHNITT-FORMEN VON RASPEL UND FEILE

- flach-stumpf
- halbrund
- breit-halbrund
- rund
- dreieckig
- quadratisch

Raspel

Feile einhiebig

Feile zweihiebig

Feilenkörper

Angel

Feilenheft

Diese spanabhebenden Werkzeuge arbeiten auf „Stoß". Sie bestehen aus dem gezahnten Raspel- bzw. Feilenblatt aus gehärtetem Werkzeugstahl, dem freien „Spiegel" und am Ende der ungehärteten „Angel". Mit der Angel sitzt das Raspel- oder Feilenblatt im so genannten „Heft", dem Holzgriff.

RASPEL Sie hat einzeln stehende Zähne, „Hiebe" genannt, mit denen schnell und grob viel Holz abgetragen werden kann.

FEILE Ihre Zähne liegen in durchgehenden Reihen („Hiebreihen") entweder nebeneinander (einhiebig, für weicheres Material) oder gekreuzt (zwei- oder doppelhiebig, für festeres Material). Man kann mit ihr feiner arbeiten als mit der Raspel, sie wird z. B. zum Kantenbrechen oder Glätten roher Holzflächen eingesetzt.

Raspeln und Feilen gibt es in unterschiedlicher Feinheit. Mit steigender Hieb-zahl (pro cm² Blattfläche) steigert sich der Feinheitsgrad: Raspeln von 1–3, Feilen von 1–4. Beide Werkzeuge werden vor allem für plastische Holzarbeiten verwendet. Es gibt sie flach, halbrund, rund; die Feilen dazu noch drei- oder vierkantig. Beim Bearbeiten muss das Holzteil fest eingespannt sein und darf nicht federn (kurzer Überstand!). Das Heft und die Angel der Raspel oder Feile müssen fest sitzen, sonst besteht Verletzungsgefahr! (Mit einem Holzhammer lässt sich das Heft wieder fest auf die Angel klopfen).

Dreiecksfeile

Rundfeile

Flachfeile

Halbrundfeile

Kabinettfeile

Rundraspel

Halbrundraspe

Feilenbürste

Hobelfräseraspel (Surform)

Das Werkzeug wird mit beiden Händen geführt: eine Hand am Griff, die andere liegt auf dem oberen Werkzeugende und drückt es auf das zu bearbeitende Holz. Stehend, mit dem ganzen Körper, wird Druck auf die Vorwärtsbewegung von Raspel oder Feile gelegt, das Zurückführen erfolgt ohne Druck. Damit beim Raspeln und Feilen die Holzkanten nicht ausreißen und wegsplittern, kann es mit einer Zulage hinterlegt werden. Beim Abrunden oder „Brechen" von Kanten wird darauf geachtet, die Holzfasern nicht nach außen zu drücken, sondern das Werkzeug schräg und von außen nach innen zu führen. Mit Spänen verstopfte Hiebe und Hiebreihen werden mit einer Feilenbürste oder mit warmem Wasser und Bürste gereinigt (gut trocknen!).

HOBELFRÄSERFEILEN UND -RASPELN Sie werden auch „Surform" genannt, sind aus gehärtetem Stahl und haben auswechselbare, dünne, durchbrochene Blätter. Noch gröber und schneller, als mit einer Raspel, lassen sich mit den verschiedenen Surform-Hobeln Späne abtragen.

Schleifen

Holzoberflächen werden mit Schleifpapier geglättet und gesäubert. Die Nummern der Körnung sind auf der Rückseite des Schleifpapierbogens aufgedruckt: je höher die Zahl, umso feiner das Papier. Nummer 60–100 (grob) wird zum Vorschleifen roher Holzflächen benützt; Nummer 120–180 (mittel) wird zum Feinschliff verwendet; ab Nummer 200 (fein bis sehr fein) werden gewässerte Hölzer vor dem Beizen oder Lackieren und nach dem Grundieren bearbeitet. Zum Schleifen größerer Flächen wird ein Stück Schleifpapier um einen Schleifblock aus Kork oder ein Leistenstück gewickelt oder in einen Kunststoffblock gespannt; das Holz wird damit in Faserrichtung, ohne Druck geschliffen.

Das Werkstück sollte dazu eingespannt werden. Kleinere Holzteile können über ein befestigtes, plan liegendes Stück Schleifpapier gezogen werden. Mit einem Viertelbogen Schleifpapier, in der Mitte zusammengefaltet und von den Fingerspitzen mit Druck geführt, werden Wölbungen und Mulden behandelt.

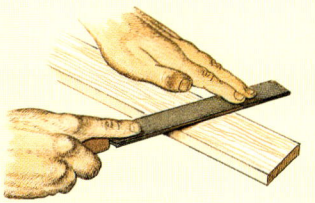

Handstellung beim Brechen der Kante

Hobelfräserfeile

Tipp
Schleifpapiere nicht mit Messer oder Schere schneiden (sie werden stumpf) sondern brechen oder reißen: über die Tischkante nach unten oder über die Kante eines Eisenlineals nach oben.

SCHLEIFEN

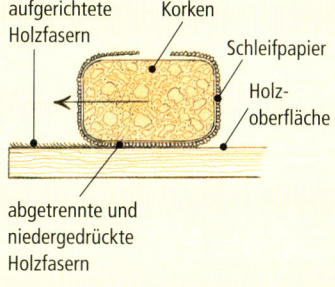

aufgerichtete Holzfasern | Korken | Schleifpapier | Holzoberfläche | abgetrennte und niedergedrückte Holzfasern

Tipp
Glatt geschliffenes Holz wird mit einem feuchten Schwamm abgewischt. Das Holz quillt und feine Fasern richten sich auf – sie werden nach dem Trocknen abgeschliffen.

Schleifstaub nicht kehren, wegpusten oder einatmen, sondern absaugen oder im Freien abklopfen. Schleifstaub ist ein Gemisch aus Holzfasern und feinen Partikeln des Schleifkorns – er ist gesundheitsschädlich! Elektrische Schleifmaschinen sind deshalb nur mit Absaugvorrichtung zu benützen. Beim Schleifen von Hand ist das Schleifen auf den absolut notwendigen Umfang (letzten Schliff!) zu begrenzen. Besondere Vorsicht soll bei Eiche und Buche angewandt werden (nicht mit Kindern bearbeiten!).

Bohrer

Bohrlöcher werden vor allem beim Schrauben, Nageln, Dübeln und beim Einsatz von Laub- und Stichsägen benötigt.

SPITZBOHRER UND REIBAHLE Beide Werkzeuge sind „Vorstecher". Der Spitzbohrer hat eine glatte, kegelförmige Spitze, die der Reibahle ist pyramidenförmig lang gestreckt. Beide Werkzeuge werden zum Vorstechen der Löcher für kleine Holzschrauben, zum Ansetzen größerer Bohrer oder zum Anreißen (Markieren) eingesetzt. Durch Drehen der eckigen Reibahle können auch in Hartholz Löcher vorgestochen und dann Schrauben eingedreht werden.

NAGEL- ODER SCHNECKENBOHRER Das einfache Bohrgerät mit geknotetem Stahlringgriff und einer Spitze in Form eines Schneckenhauses eignet sich sowohl zum Vorbohren als auch zum Bohren größerer Löcher für Schrauben und Nägel. Die „Schnecke" greift gut und zieht den Bohrer beim Drehen ins Holz.

HANDBOHRMASCHINE Durch Kurbeln wird mittels eines Zahnradantriebs das Bohrfutter bewegt. Zum Einsetzen der Bohrspitze wird die Kurbel mit einer Hand fest gehalten, mit der anderen wird das Bohrfutter aufgedreht. Drei, mit Spiralfedern zentrierte Backen können Bohrspitzen bis 9 mm Ø fassen.

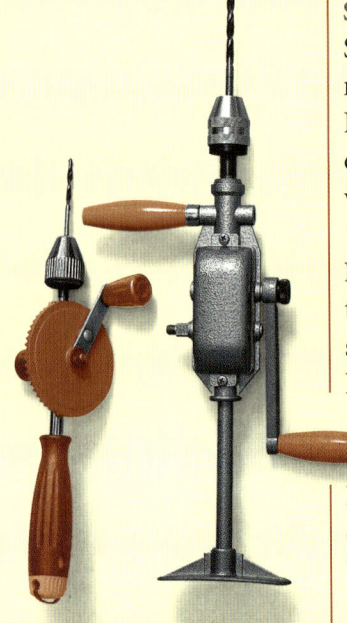

Handbohrmaschinen

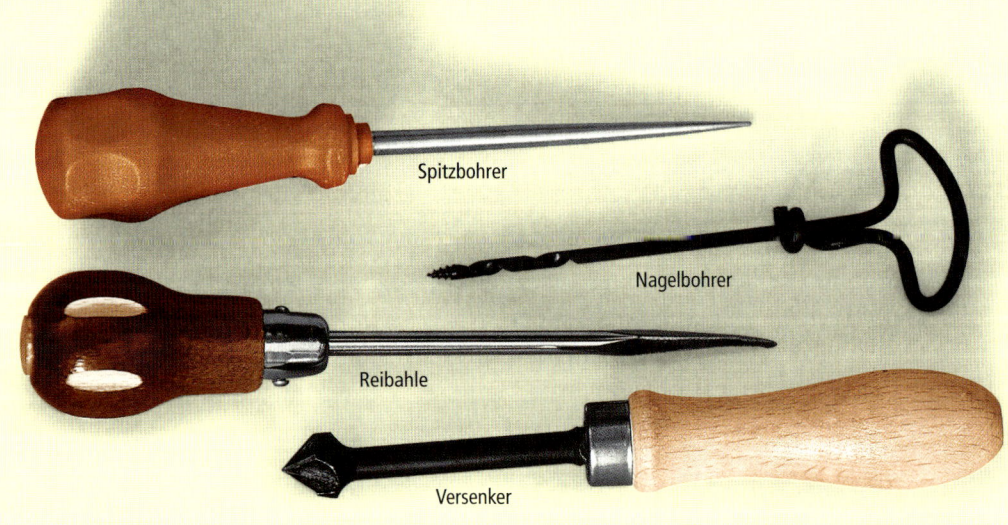

Spitzbohrer

Nagelbohrer

Reibahle

Versenker

BOHREINSÄTZE

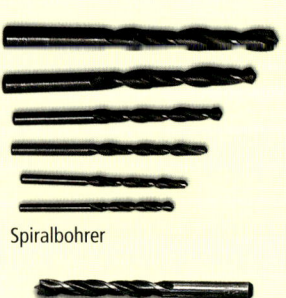

Spiralbohrer

Holzspiralbohrer

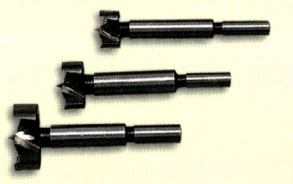

Forstnerbohrer

SPIRALBOHRER Sie sind meist Universalbohrer aus Hochleistungsstahl (HSS). eingespannt in Hand- oder Elektrobohrmaschinen, werden sie nicht nur für Holzbohrungen verwendet, sondern auch bei Kunststoff und Metall eingesetzt. Oben am Bohrerschaft sind die Qualität, z.B. HS (nur für Holz und Kunststoff), und der Durchmesser, z.B. Ø 9,5, eingestanzt.

HOLZSPIRALBOHRER (DÜBELBOHRER) Er hat eine Zentrierspitze und zwei Spannnuten (Vorschneider), die verhindern, dass sich der Bohrer im Bohrloch „verläuft". Diese Spitze ermöglicht den genauen Ansatz im vorgestochenen Loch.

FORSTNERBOHRER Für Bohrlöcher mit größerem Durchmesser (bis Ø 50 mm) wird der Spezialbohrer mit niederem zylindrischen Schneidkopf und Zentrierspitze verwendet. Die Zentrierspitze ermöglicht ein genaues Ansetzen, zwei Spanabheber und die Umfangschneide sorgen für einen glatten Schnitt des Bodens und der Wand. Für tiefe Löcher ist er ungeeignet.

VERSENKER (KRAUSKOPFBOHRER) Er wird zum konischen Abflachen (Ansenken) der Ränder vorgebohrter Schraubenlöcher für Senk- und Linsenkopf-Schrauben benützt.

Elektrische Werkzeuge

Akku- oder batteriebetriebene Geräte gibt es als Bohrmaschine, Schraubdreher und kleine Stichsäge. Sie sind nicht so leistungsstark wie Netzgeräte, aber flexibler im Einsatz und weniger gefährlich.

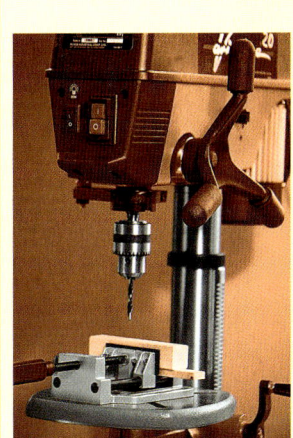

Akkubohrer

TISCHBOHRMASCHINE Für exakte, senkrechte Bohrlöcher, z.B. für Dübel, wird die elektrische Bohrmaschine eingesetzt. Von Kindern im Hauptschulalter darf sie nur nach gründlicher Einweisung, unter Beachtung der Sicherheits- und Unfallverhütungsvorschriften bedient werden. Die Geräte haben einen schweren Eisenfuß, der mit dem Auflagetisch verschraubt werden muss. Motor und Getriebe mit Bohrhebel, Bohrspindel und Bohrfutter gleiten höhenverstellbar auf einer Säule. Bei einem anderen Gerätetyp kann ein beweglicher Bohrtisch auf der Säule verschoben werden. Das Bohrfutter mit Zahnkranz wird mit einem Bohrfutterschlüssel geöffnet und geschlossen. Bei einem Schnellspannfutter (ohne Zahnkranz) genügt dazu gegenläufiges Drehen der Futterringe per Hand. Die Bohrerposition im Stillstand liegt ca. 2 cm über dem Werkstück. Bei weichem Holz und dünnen Bohrern ist die Einstellung der Umdrehungszahl höher (schneller) als bei hartem Holz und dicken Bohrern.

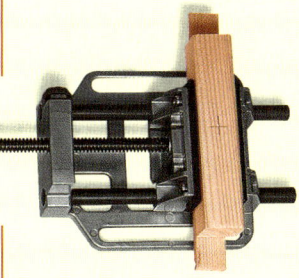

Tischbohrmaschine

HALTEVORRICHTUNGEN Kleine Holzteile werden in den Maschinenschraubstock gespannt und vor dem Mitdrehen gesichert. Größere Hölzer können auf einer selbst gefertigten Haltevorrichtung, einem Bohrtisch mit Anschlag, mit einer Zwinge oder der Hand gehalten werden. Durch ein untergelegtes Brett (Zulage) wird ein Aussplittern der Bohrung verhindert.

Maschinenschraubstock

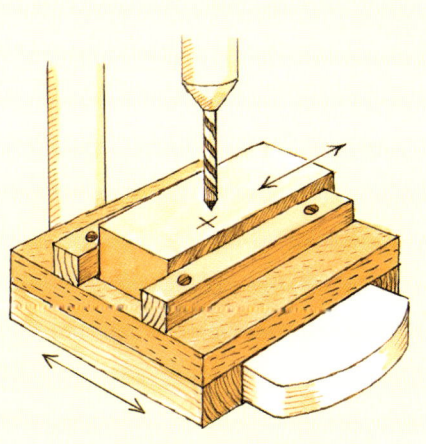

selbst gefertigter Bohrtisch mit Anschlag

Werkzeuge zum Stemmen

Tipp

1. Das zu bearbeitende Holzteil fest einspannen.
2. Nur scharfes Werkzeug benützen, denn stumpfe Eisen müssen mit mehr Kraftaufwand geführt werden und rutschen dabei leicht ab.
3. Immer vom Körper weg arbeiten.
4. Beim Ausstemmen ohne Holzhammer: Die zweite Hand nie vor die scharfe Klinge legen.

Generell gilt:
Vorsicht beim Umgang mit scharfen Eisen!

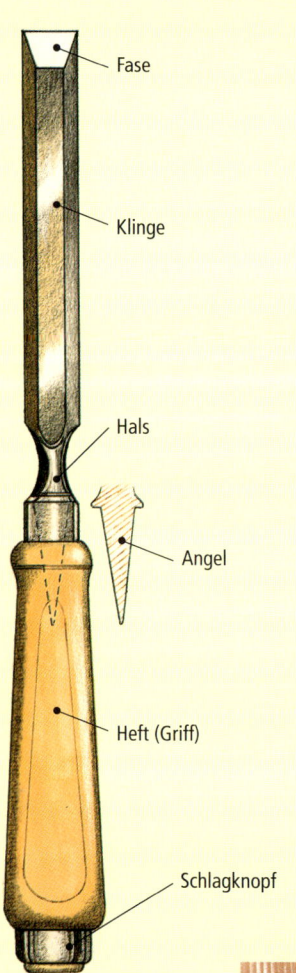

Fase

Klinge

Hals

Angel

Heft (Griff)

Schlagknopf

Zum Ausstemmen oder Aushauen rechteckiger Löcher aus Holz werden Stemmeisen und ein Holzhammer gebraucht. Der Hammer wird vom Schreiner „Klüpfel" genannt, die Eisen „Beitel". Sie haben eine Stahlklinge mit geschärfter Fase. Hinten verjüngt sich die Klinge zu einem Hals mit Krone und anschließender Angel, die in einem Holzheft (Griff) sitzt. Mit den Eisen, die es in verschiedenen Größen gibt, werden grobe Späne losgetrennt und ausgeworfen. Der Holzhammer wird dabei möglichst weit hinten gehalten und ohne Kraftausübung, aus dem Handgelenk heraus, geführt.

STECHEISEN (STECHBEITEL) Die Klinge kann an den Seiten gerade oder abgeschrägt (gefast) sein. Das Eisen wird z.B. zum Ausstemmen von Nuten und Zinken verwendet.

LOCHEISEN Seine Klinge ist dicker als breit und wird zum Ausstemmen von Schlitzen (Zapfenlöchern) verwendet.

HOHLEISEN Es hat einen gebogenen Querschnitt und wird zum Ausstemmen von Hohlformen eingesetzt.

LEICHTERE STEMMEISEN (BASTLERMEISSEL) Sie finden zum Schnitzen oder für den Holzschnitt Verwendung und werden nur von Hand geführt.

ABZIEHSTEIN Das fabrikneue Eisen muss vor dem Einsatz mit einem Abziehstein geschliffen (abgezogen) werden. Die Steine gibt es mit verschiedener Körnung. Damit das Eisen beim Schleifen nicht heiß wird, werden die Steine, je nach Art, vorher mit Öl beträufelt oder in Wasser getaucht. Praktisch ist der Kombinationsstein: auf einer Seite mittelgrob, auf der anderen fein gekörnt. Zum Abziehen von Hohleisen werden kleinere tropfen- oder kegelförmige Formsteine benützt.

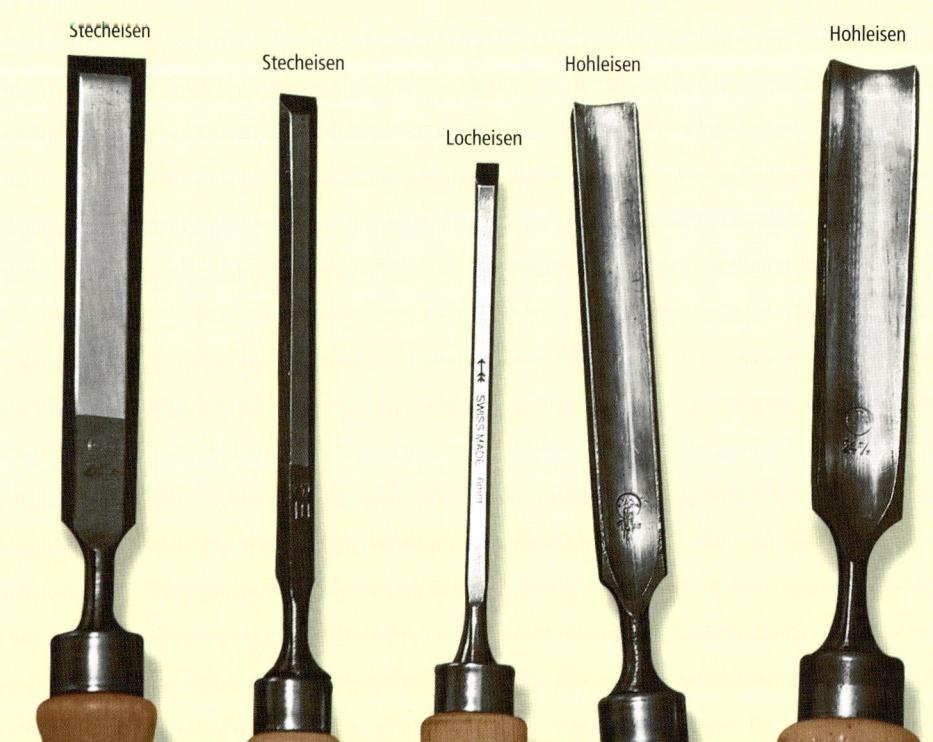

Stecheisen

Stecheisen

Locheisen

Hohleisen

Hohleisen

Einsatz von Stemmwerkzeugen

Nut

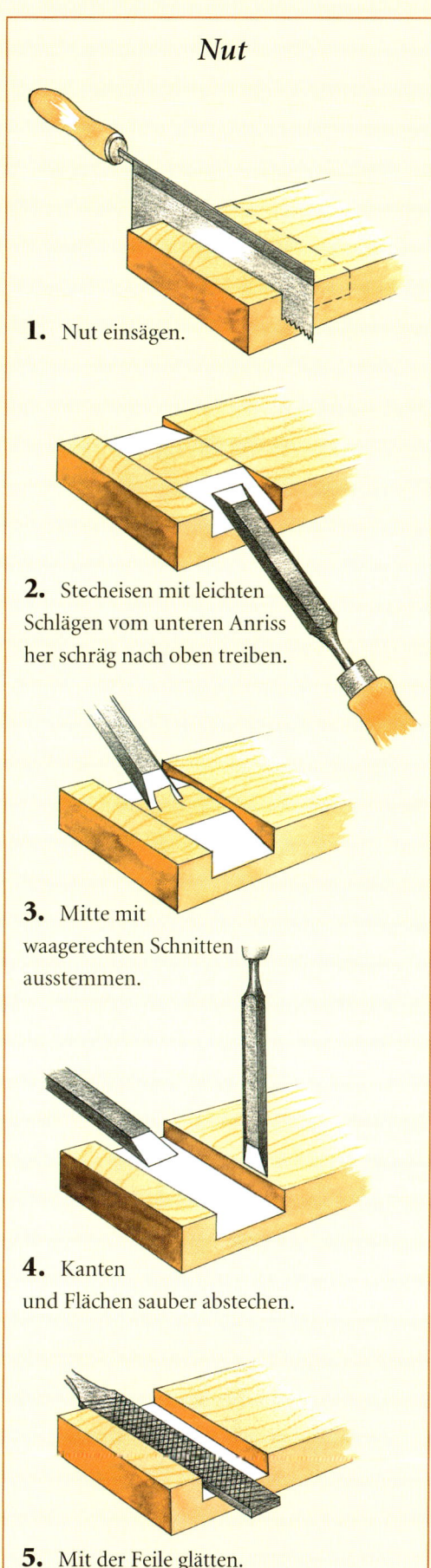

1. Nut einsägen.

2. Stecheisen mit leichten Schlägen vom unteren Anriss her schräg nach oben treiben.

3. Mitte mit waagerechten Schnitten ausstemmen.

4. Kanten und Flächen sauber abstechen.

5. Mit der Feile glätten.

Schlitz

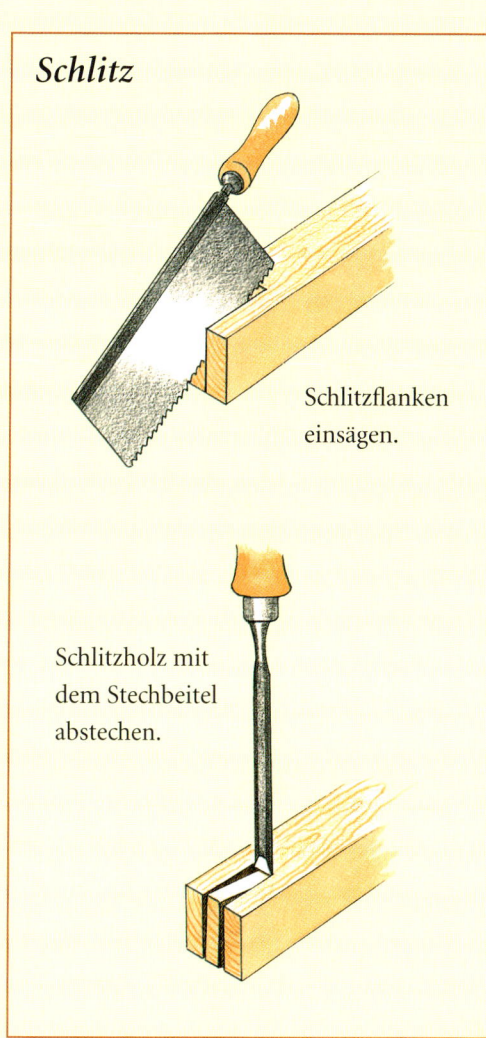

Schlitzflanken einsägen.

Schlitzholz mit dem Stechbeitel abstechen.

Loch

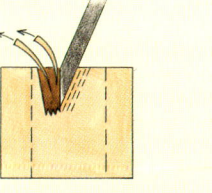

1. Locheisen in der Mitte der Markierung ansetzen.

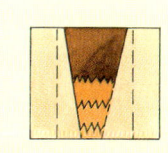

2. Späne bis kurz vor Anrisslinie abstechen und ausheben.

3. Etage für Etage abtragen.

4. Kanten vorsichtig senkrecht abstechen.

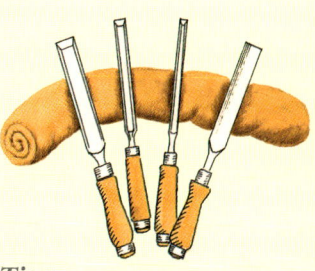

Tipp

Auf einer Handtuchrolle abgelegte Eisen können nicht gegeneinander rollen und dabei ihren Schliff beschädigen.

ABZIEHEN

Das Stemmeisen wird so auf die nasse Steinfläche gesetzt, dass die Fase unten liegt und dabei einen Winkel von ca. 25° (bei Hartholz 35°) bildet. Das Eisen wird längs und diagonal erst über die grobe, dann über die feine Steinseite bewegt. Die rechte Hand führt das Heft, die Fingerspitzen der linken Hand drücken über der Fase auf die Klinge. An der Fasenspitze entsteht ein feiner Grat. Um ihn zu entfernen, wird das Eisen gewendet und flach, mit der Rückseite (Spiegelseite) ein- bis zweimal über den Stein gezogen.

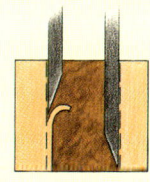

Holzverbindungen

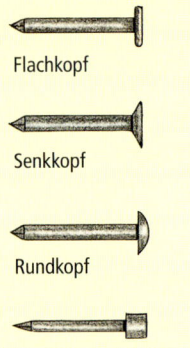

Flachkopf

Senkkopf

Rundkopf

Stauchkopf

Um Holzteile fest oder wieder lösbar zusammenzufügen, gibt es verschiedene Möglichkeiten. Bei der Wahl der geeigneten Verbindung spielen Stabilität, Aussehen und Zeitaufwand eine Rolle.

Nageln

Dies ist die einfachste Art, stumpf aneinander stoßende Hölzer schnell miteinander zu verbinden. Nägel werden nach ihrer Kopfform benannt: Flach-, Senk-, Rund- und Breit- oder Stauchkopfnagel. Der Senkkopfnagel wird plan ins Holz geklopft und mit einem Versenkerstift noch weiter ins Holz getrieben. Das entstandene Loch wird mit Holzkitt (siehe Tipp „Leimen") gefüllt. Damit sich weiches Holz nicht spaltet, wird die Nagelspitze mit einem leichten Hammerschlag gestaucht. Eine Nagelverbindung hält besser, wenn die Nägel nicht gerade, sondern schräg zueinander eingeschlagen werden. Der Nagel wird dabei unterm Kopf gefasst, und der Hammer, locker aus dem Handgelenk heraus, am Stielende geführt.

Nagel stauchen

HAMMER Man unterscheidet Schlosser- und Tischlerhammer (gerade und geschweifte Form). Zum Einschlagen kleiner Stifte und Nägel wird ein leichtgewichtiger Hammer (Hammerkopf 100–150 g) verwendet, für gewöhnliche Nagelarbeiten ein Hammer von ca. 250–300 g.

KNEIFZANGE (BEISSZANGE) Zum Herausziehen von Nägeln wird die Hebelwirkung ihres Zangenmauls genützt. Der Nagelkopf wird mit der Schneide gefasst und nicht durch Zug, sondern durch Umlegen der Zange aus dem Holz gehebelt. Mittels einer dünnen Brettchen-Unterlage wird vermieden, die Holzfläche unter der Zangenbacke dabei einzudrücken.

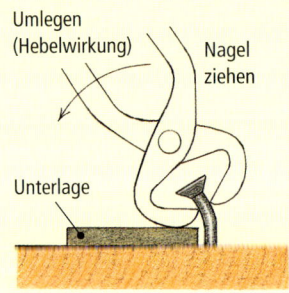

Umlegen (Hebelwirkung)

Nagel ziehen

Unterlage

KOMBINATIONSZANGE Mit ihrer gezahnten Greiffläche werden kleine Stifte, Schrauben oder Nägel gehalten, mit ihren Schneidebacken können sie abgezwickt werden.

Tipp

Kleine Nägel können beim Einklopfen mit einer Flachzange oder einem geschlitzten Kartonstreifen gehalten werden.
Nägel sollten so sitzen, dass ⅓ ihrer Länge im oberen, ⅔ im unteren Holzteil steckt.

Holzhammer (Klüpfel)

Beißzange

Kombizange

Schlosserhammer

Nagelversenker

Tischlerhammer

Schrauben

Holzschrauben sitzen mit ihrem Gewinde fester im Holz als Nägel und ergeben eine bessere Verbindung. Sie bestehen aus Kopf, glattem Schaft und Gewinde. Es gibt Rund-, Linsen- und Senkkopfschrauben. Die Aussparung auf der Kopfoberfläche bestimmt den Schraubendreher (Schraubenzieher), mit dem sie ins Holz gedreht werden: Längsschlitz- und Kreuzschlitzdreher, Inbusschlüssel und Sechskantschlüssel. Die günstigste Hebelwirkung hat der Schraubendreher, wenn die Klinge genau in die Vertiefung passt, also nicht übersteht, weder zu schmal, noch zu dünn ist. Wie der Nagel sitzt die Schraube mit ⅓ im oberen Holzteil, mit ⅔ im unteren. Damit die Schraube, ohne das Holz zu spalten, eingedreht werden kann, muss ein Loch vorgebohrt werden. Im oberen Holzteil hat das Loch denselben Durchmesser wie die Schraube, doch im unteren muss er kleiner sein (ca. ⅓). Es darf auch nicht die ganze Schraubenlänge, sondern nur ¾ davon vorgebohrt werden. Bei kleineren Schrauben genügt das Lochen mit einem Vorstecher. Spanplattenschrauben (Spax-Schrauben) haben keinen Schaft, sondern nur Gewinde und werden ohne Vorbohrung in die Spanplatten gedreht. Bei Linsen- und Senkkopfschrauben wird der Rand des Bohrlochs mit einem „Versenker" zusätzlich entgratet.

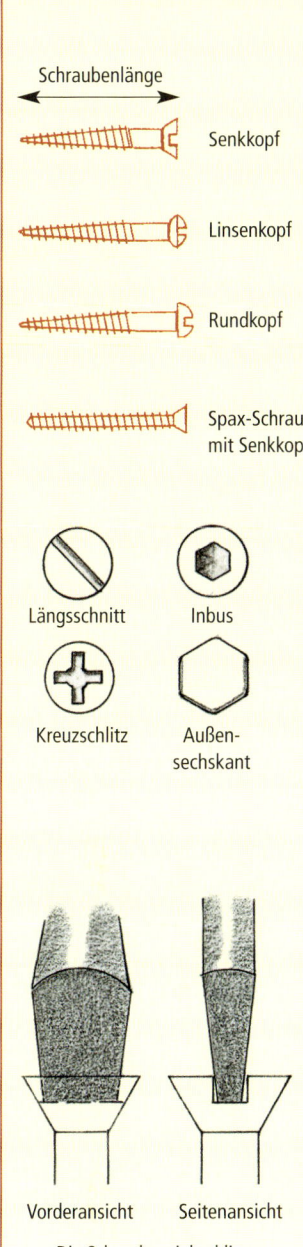

Schraubenlänge

Senkkopf

Linsenkopf

Rundkopf

Spax-Schraube mit Senkkopf

Längsschnitt Inbus

Kreuzschlitz Außensechskant

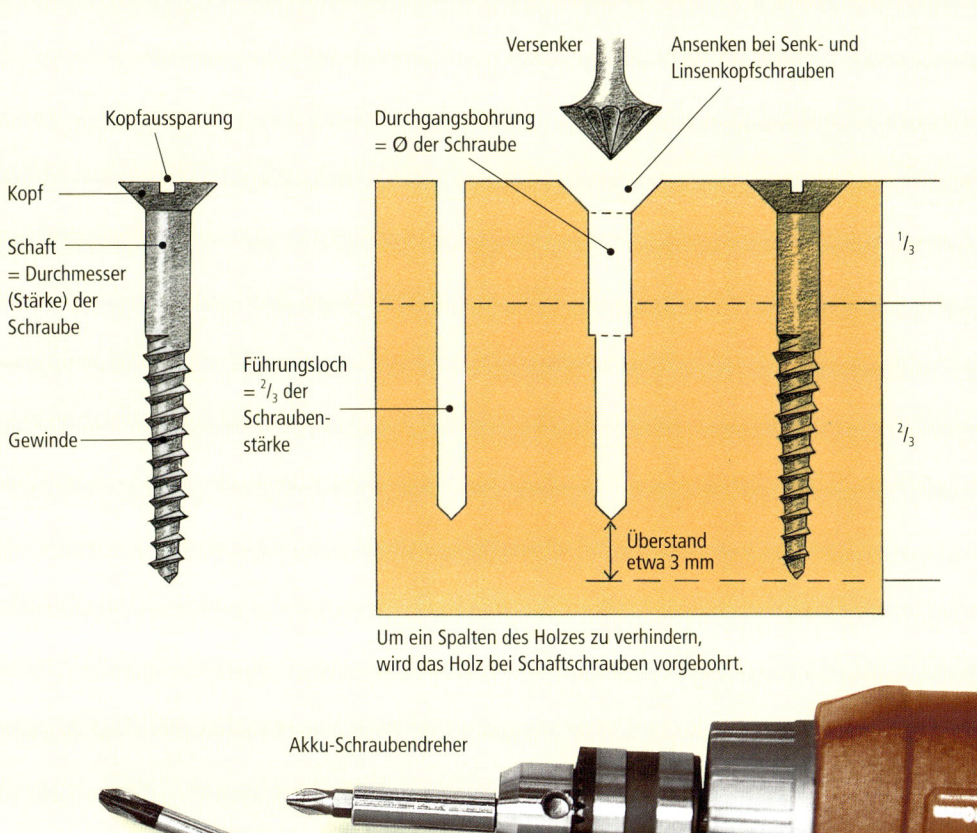

Kopfaussparung

Kopf

Schaft = Durchmesser (Stärke) der Schraube

Gewinde

Versenker   Ansenken bei Senk- und Linsenkopfschrauben

Durchgangsbohrung = Ø der Schraube

Führungsloch = ²/₃ der Schraubenstärke

¹/₃

²/₃

Überstand etwa 3 mm

Um ein Spalten des Holzes zu verhindern, wird das Holz bei Schaftschrauben vorgebohrt.

Vorderansicht   Seitenansicht

Die Schraubenzieherklinge sollte genau in den Schraubenschlitz passen.

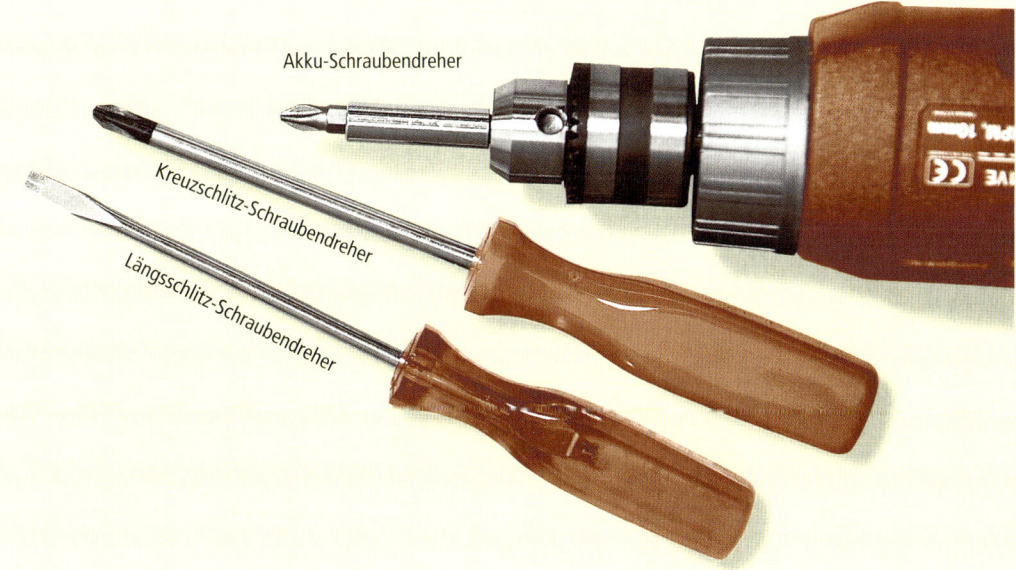

Akku-Schraubendreher

Kreuzschlitz-Schraubendreher

Längsschlitz-Schraubendreher

Tipp

Beim Einschrauben dreht eine Hand den Griff des Schraubendrehers, die andere führt die Klinge. Vorsicht bei unpassendem Werkzeug! Wenn es mit Kraftaufwand benützt wird, rutscht es leicht vom Schraubenkopf. Deshalb wird die Schraube nicht mit den Fingern gehalten.

Holzverbindungen

Tipp

Holzkitt zum Füllen von Löchern und Fugen lässt sich so herstellen: Etwas Holzleim mit feinem Sägemehl vermengen und mit einem Spatel in Loch oder Fuge streichen.

FÜGEVERBINDUNGEN

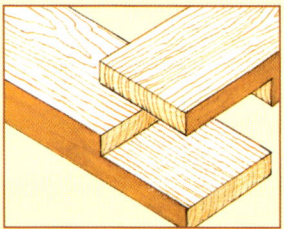

Ecküberblattung

Kreuzüberblattung

Schlitz- und Zapfenverbindung

Fingerzinkung

Leimen

Im Gegensatz zu genagelten oder geschraubten Verbindungen lassen sich Leimverbindungen nicht mehr lösen. Der gängige Holzleim ist ein Weißleim, mit Wasser als Lösungsmittel. Er wird als normaler Holzleim (Abbindezeit mehrere Stunden), als Express-Holzleim (Abbindezeit fünf Minuten) und als wasserfester Holzleim angeboten. Der Leim wird einseitig, d. h. auf eine Holzfläche, aufgetragen und mit Leimpinsel oder Spachtel, einem Kartonstück oder, bei kleinen Flächen, mit dem Finger verteilt. Nicht zu viel Leim auftragen, sonst quillt er beim Zusammenpressen aus der Leimstelle! Überschüssiges wird sofort mit einem feuchten Tuch entfernt. Während des Abbindens wird die Leimstelle eingespannt, z. B. in Leimzwingen, Schraubstock oder Schraubzwingen mit Zulagen (Brettchen). Kleine Teile können auch mit Abdeckband fixiert werden. Einfache Möglichkeiten der Verleimung sind das Aufeinanderkleben (stumpfe Verleimung), das Aneinanderkleben (auf Stoß) und bei Eckverbindungen die stumpfe Gehrung (Bilderrahmen), die gefälzte Ecke und die Ecküberblattung. Je größer die Fläche der Leimstelle, umso größer ist die Haltbarkeit der Verbindung. Bei größerer Beanspruchung werden Leimstellen deshalb zusätzlich genagelt oder geschraubt. Schöner und haltbarer, ohne Nägel und Schrauben (größere Leimfläche), sind die so genannten Fügeverbindungen. Zu ihnen zählen Überblattungen, die Schlitz-Zapfverbindung, Zinkungen (Finger- und Schwalbenschwanzzinkung), Nut und Feder und das Dübeln.

Leimzange (Spannweite bis 40 mm)

Dübeln

In beide Holzteile werden Löcher gebohrt und passende Holzstifte (Dübel) einge-
leimt. Fertigdübel gibt es in verschiedenen Größen, sie sind geriffelt und ihre Ränder
sind „angefast". Aus geriffelten oder glatten Rundstäben können sie auch selbst
gefertigt werden. Dübellöcher werden mit dem Holzspiralbohrer gleicher Durch-
messergröße gebohrt. Angesenkte Löcher vereinfachen das Zusammenstecken der
Holzteile. Es gibt die sichtbare (offene) Dübelung und die verdeckte. Beim sichtbaren
Dübeln ist es am einfachsten, beide Holzteile passgenau zusammenzuspannen und
gemeinsam zu durchbohren. Die Dübellöcher sollten minimal länger sein als der
Dübel. Beim verdeckten Dübeln steckt der Dübel zu je einer Hälfte in beiden Holz-
teilen. Die Hölzer müssen dazu einzeln gebohrt und markiert werden. Dabei hilft
z. B. eine Kartonschablone mit vorgestochenen Markierlöchern oder Dübelmarkier-
spitzen aus Metall, die in die gebohrten Löcher eines Holzteils gesteckt und an das
andere gedrückt werden. Ein rechter Winkel dient dabei als Anschlag.

OFFENE DÜBELUNG

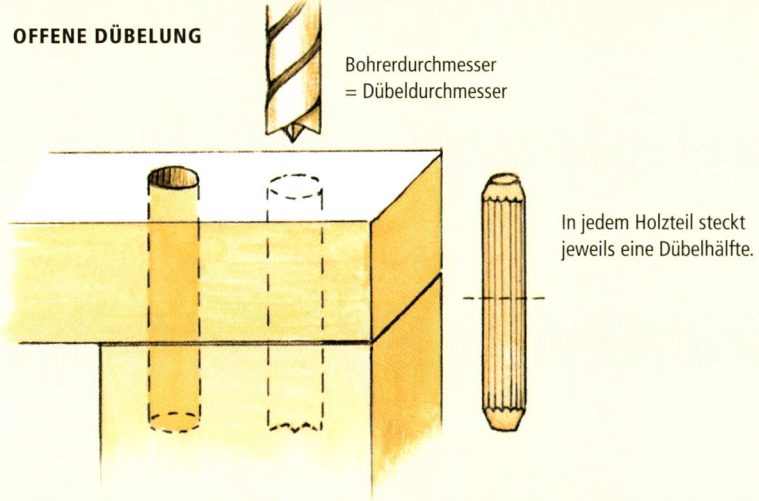

Bohrerdurchmesser
= Dübeldurchmesser

In jedem Holzteil steckt
jeweils eine Dübelhälfte.

VERDECKTE DÜBELUNG

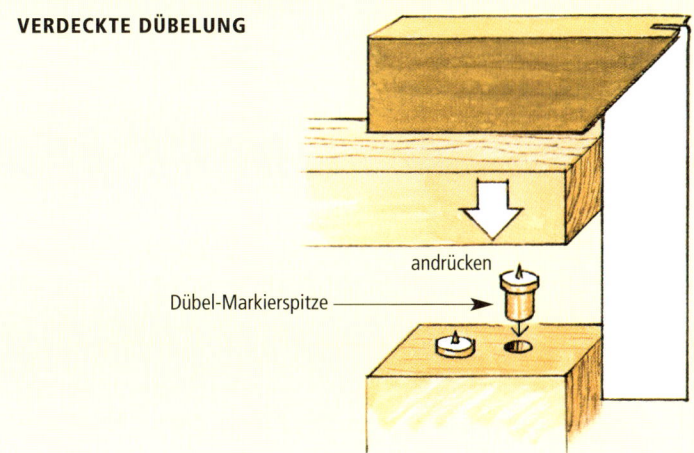

andrücken

Dübel-Markierspitze

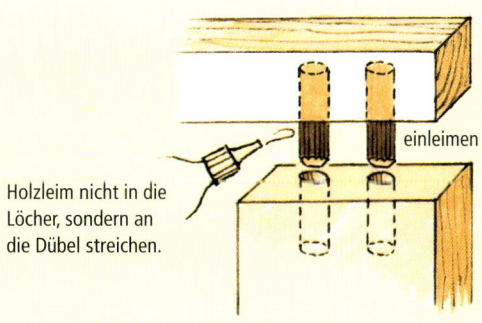

einleimen

Holzleim nicht in die
Löcher, sondern an
die Dübel streichen.

Tipp

Bei Löchern, die nicht
ganz durchgebohrt
werden, z.B. beim
„Blinddübeln", kann
die gewünschte Tiefe am
Bohrer markiert werden:
mit einem Stück durch-
bohrtem Rundholz (1),
einem aufgeschraubten
Stellring (2) oder mit
Abdeckband (3) als
Tiefenanschlag.

1

2

3

Elektrische Standbohr-
maschinen verfügen über
eine Skala zur Einstellung
der Bohrtiefe – eine Bohr-
markierung ist nicht nötig.

DÜBEL

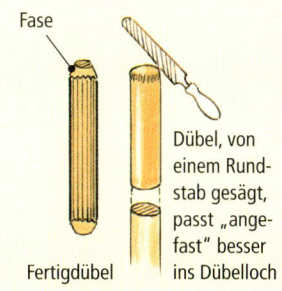

Fase

Dübel, von
einem Rund-
stab gesägt,
passt „ange-
fast" besser
ins Dübelloch

Fertigdübel

LOCHMARKIERUNG

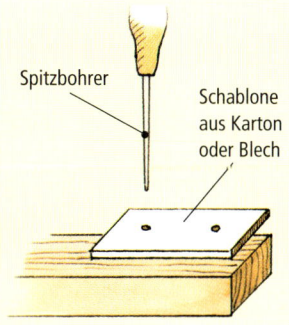

Spitzbohrer

Schablone
aus Karton
oder Blech

Holzoberflächen-behandlung

Hinweis
Lacke, Verdünner, Schleifgrund und Lösungsmittel sind giftig, oft leicht entflammbar und ihre Dämpfe gesundheitsschädlich. Darum für ausreichende Belüftung sorgen! Beim Werken mit Kindern nur lösungsmittelfreies Material verwenden, d.h. mit wasserlöslichen Lacken, Beizen und Farben arbeiten.

Tipp
Geknüllte, wachsgetränkte Lappen können sich selbst entzünden!
Deshalb sollten sie in einem geschlossenen Glas aufbewahrt und gewässert entsorgt werden.

Erdpigmente

Holzgegenstände werden zu ihrem Schutz und zur Steigerung ihrer natürlichen Schönheit vom Schreiner farblos lackiert, gebeizt, geölt oder gewachst. Der Holzbildhauer „fasst" seine Plastik mit Künstlerfarben, ähnlich dem Maler, der auf Holz als Malgrund arbeitet. Bevor Schreiner, Bildhauer oder Maler mit der Oberflächenbehandlung beginnen, schließen sie die Poren des Holzes: Sie grundieren es.

GRUNDIEREN Soll die Maserung sichtbar bleiben, wird Klarlack auf die geschliffene Fläche aufgetragen und nach dem Trocknen nochmals mit feinem Schleifpapier verschliffen. Dieser Vorgang kann öfter wiederholt werden.

BEIZEN Wasserbeize wird als Pulver in lauwarmem Wasser gelöst. Sie dringt gut ins Holz ein und die Maserung bleibt sichtbar. Das Holz muss sauber, fettfrei und glatt, d.h. gewässert und geschliffen sein (siehe „Schleifen"), bevor es getaucht oder mit Pinsel, Schwamm oder Tuch eingefärbt wird. Hirnholz muss vorher mit klarem Wasser getränkt werden, damit die Farbe dort nicht dunkler wird. Lackgrundiertes Holz kann farbig gebeizt werden, wenn es zuvor gut geschliffen wurde. Überschüssige Beize wird mit einem saugfähigen Tuch – in Faserrichtung – abgewischt. Nach dem Trocknen kann das Werkstück noch einen Überzug aus Klarlack oder Wachs bekommen. Lasurfarben, mit ähnlicher Wirkung wie Beize sind besonders für Kinder und kleinere Objekte geeignet, wie z.B.: Transparentlack, Seidenmal-, Ostereier- und Lebensmittelfarbe.

BEMALEN Für Holzarbeiten mit Kindern, die ihre Werke gerne farbenfroh gestalten, kann weiße Dispersionsfarbe, auf gewässertes Holz dünn aufgetragen, eine deckende, porenschließende Grundierung bilden. Dieser wasserfeste Überzug kann mit verschiedenen Farben bemalt werden, ohne dass sie verlaufen. Farbige Lacke „verschließen" ebenso die Holzoberfläche. Über eine dünne Vorlackierung wird nach dem Trocknen die deckende Lackierung aufgetragen.

WACHSEN Polituren hinterlassen einen zarten, milden Glanz auf der Holzoberfläche. Wachs gibt es farblos oder getönt (Antikwachs) zu kaufen. Mit einem weichen Tuch wird das Wachs längs der Maserung auf das rohe oder grundierte Holz aufgetragen. Nachdem es eingezogen ist, poliert man mit einem Tuch oder einer Bürste in Faserrichtung, bis der Seidenglanz entsteht.

ÖLEN Öl dringt ins Holz ein, ohne einen Film zu hinterlassen. Der Trocknungsprozess dauert, je nach Ölsorte, ein bis drei Tage. Hölzer, die mit Speisen in Berührung kommen, z.B. Salatschüssel, werden mit reinem Olivenöl oder anderem Speiseöl eingefettet. Ein wasserfester Lasurüberzug entsteht z.B. mit Naturfarben-Pigmenten, gelöst in wohlriechendem Zitrusschalenöl.

Spielzeug für drinnen und draußen

Holzhausen

Feinsäge
Gehrungsschneidlade
　(oder Schneidlade)
Bleistift
Stahllineal
Winkel
Raspel
Halbrundfeile
Rundfeile
　(für Zwiebelhaube)
Zwingen oder
　Schraubstock
Abdeckband

MATERIAL

Leisten und Kant-
　hölzer verschiedener
　Bäume
Schleifpapier
　(K 80, 120, 180, 240)

Die Bürger von Holzhausen sind stolz auf ihre Stadt, die sie aus heimischen Laub- und Nadelhölzern gebaut haben.
Den altbewährten Baustoff der Gebäude haben sie sich als Restholz von Schreinereien und Holzhandlungen beschafft.

Da es einfacher ist, längere Holzstücke einzuspannen und zu halten, wird für die kleinen Häuser ein Holzstück von etwa doppelter Hausgröße verwendet: An beiden Enden werden die Dächer abgeschrägt und dann das Holz mit einem Sägeschnitt in zwei Häuser geteilt. Wenn die Häuser fertig sind, können sie mit Bienenwachs eingerieben und anschließend poliert werden.

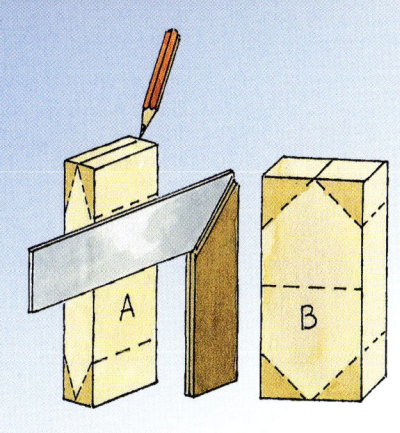

1 Für ein Satteldach an den Holzenden mit Hilfe von Lineal und Winkel ein flaches, spitzes oder rechtwinkliges Dreieck auf die (A) Schmal- oder (B) Breitseite zeichnen. Eine Firstkante und seitlich zwei Dachkanten markieren.

2 Holz senkrecht (A) oder waagerecht (B) einspannen oder festzwingen und Dach sägen.

Satteldach   Pultdach

abgeflachtes
Zeltdach

Walmdach   Knüppelwalmdach

Tipp

Tipp
Eine gute Sägehilfe, bei geraden, senkrechten Schnitten, ist ein aufgelegtes Anschlagholz, an dem das Sägeblatt entlanggeführt werden kann.

Anschlag

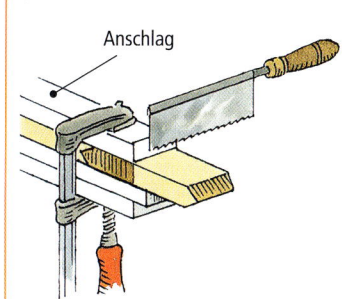

3 Sattel-, Pult-, Zelt- und Walmdächer mit der Säge schneiden. Zwiebelhaube und Spitztürme mit Raspel und Feile formen.

4 Holz in Gehrungsschneidlade legen, an hintere Wange drücken und im rechten Winkel absägen.

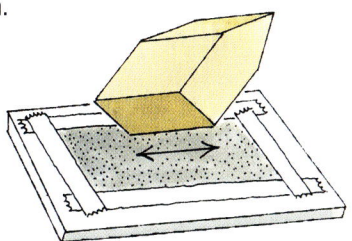

5 Schleifpapiere (erst grob, dann fein) plan auf ein Unterlagenbrett kleben und die Häuser an allen Seiten in Faserrichtung schleifen. Vor dem letzten Schliff (K 240) das Holz wässern und trocknen lassen.

Kleiner Windwagen

Stahlmaßstab
Anschlagwinkel
Bleistift
Feinsäge
Puksäge
Bohrer (Ø 4; 5; 6; 8 mm)
Bleistiftanspitzer
Reibahle
Schere

Seine großen Vorbilder flitzen über die glatten Sandstrände am Meer. Gesteuert werden sie vom „Skipper", der dem Segelwagen mit seinem Körpergewicht die nötige Bodenhaftung gibt.

Auch beim kleinen Windwagen liegt der Schwerpunkt tief. Große Räder, die leicht rollen und eine weit nach vorn gelegte Vorderachse begünstigen seine Fahrtüchtigkeit. Masthöhe und Wagengröße werden von der Segelfläche bestimmt, d. h. von der Größe des zur Verfügung stehenden Plastikbeutels.

1 Kurze Vierkantleiste an den Stirnseiten und in der Mitte markieren und Bohrlöcher vorstechen. Lange Vierkantleiste nach ca. 8 cm markieren, Bohrloch vorstechen und beide Leisten (Ø 8 mm) bohren – die kurze aber nicht ganz durch! Ihre Stirnseiten mit einem Bohrer (Ø 4 mm) lochen.

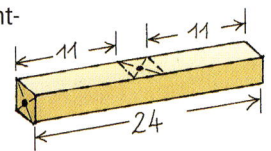

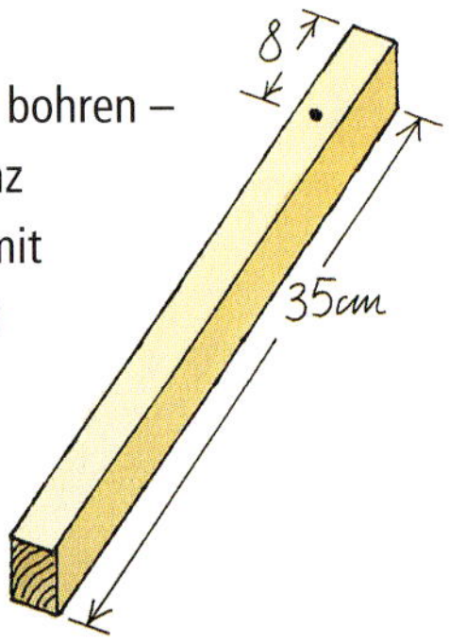

2 Lange Vierkantleiste im rechten Winkel über die kurze kleben und mit Rundholzmast zusammendübeln.

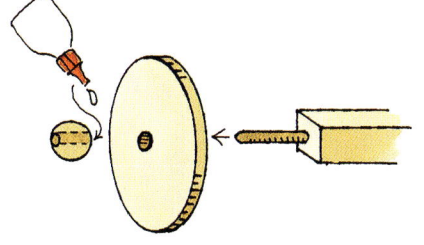

3 Zwei Rundhölzer (Ø 4 mm), ca. 5 cm lang, an einem Ende anspitzen. Die ungespitzten Enden in die Seitenlöcher der Vorderachse kleben. Räder (Loch Ø 5 mm) aufsetzen und mit Perle als „Stopper" sichern.

4 Schmale Leisten, 12 cm lang, übereinander legen und nach 1,5 cm lochen (Ø 4 mm). Rechts und links als Radgabel an die Längsachse kleben. Rundholz (Ø 4 mm), 4 cm lang, mit aufgestecktem Holzrad (Loch Ø 5 mm) in die Gabel kleben.

5 Die Ecken des Plastikbeutels kappen und die Segelstange durchschieben. Das Segel vor Verrutschen sichern: Beide Enden mit durchsichtigem Klebeband fixieren. Mit Filzstift ein Kennzeichen aufmalen. Schnur locker an der Segelstange befestigen, in der Mitte eine Schlaufe knoten.

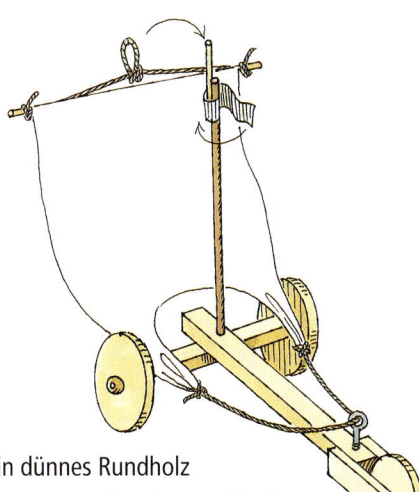

6 Ein dünnes Rundholz (ca. 6–7 cm lang), mit Abdeckband vor die Mastspitze kleben. Segelschlaufe darüber schieben und kleine Folien- oder Papierfahne darüber befestigen. Ringschraube in die Längsachse drehen und Segelleine durchziehen. Leinenenden an die Trageschlaufen des Plastikbeutels knoten.

MATERIAL

Vierkantleiste
   (35 x 2 x 2 cm)
Vierkantleiste
   (24 x 2 x 2 cm)
2 Leisten
   (12 x 2 x 1 cm)
Rundholz (Mast)
   (Ø 8 mm, 50 cm)
Rundholz (Segel)
   (Ø 6 mm, 35 cm)
Plastikbeutel
Rundholz (Achsen)
   (Ø 4 mm, ca. 15 cm)
3 Sperrholzräder
   (Ø 8–10 cm, 1 cm dick)
   (oder Buchenholzräder
   aus dem Fachhandel)
2 Holzperlen
Holzleim
Ringschraube
Permanent-Filzstift
Schnur
Abdeckband
Schaschlikstab
   als Mastspitze
Folien- oder Papierrest
Klarsichtklebeband

Autofähre

BRETTAUFTEILUNG

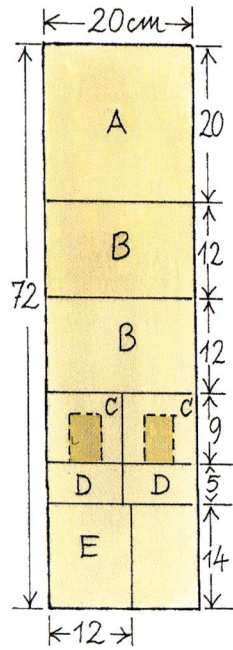

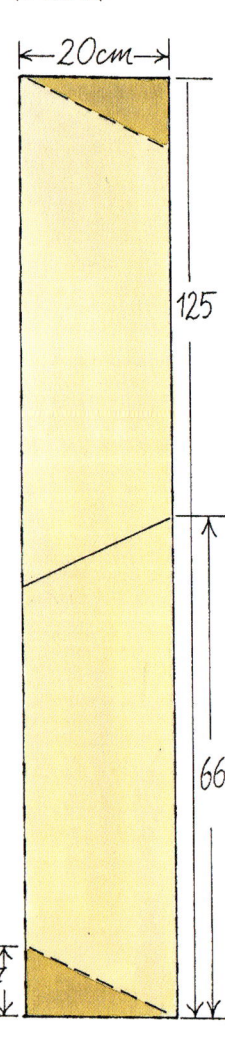

Bei Badewetter an schönen Sommertagen ist die Fähre von morgens bis abends auf dem See unterwegs. Am Strand nimmt sie Fahrzeuge auf und fährt dann hinüber zum Steg.

Damit die Fähre nicht in Schräglage gerät, ist es wichtig, die Ladung gleichmäßig zu verteilen. Doch die Fahrgäste können sich sicher fühlen: Eine untergeschobene, dicke Styroporplatte macht das Schiff unsinkbar! Der Aufbau der Fähre ist abnehmbar.

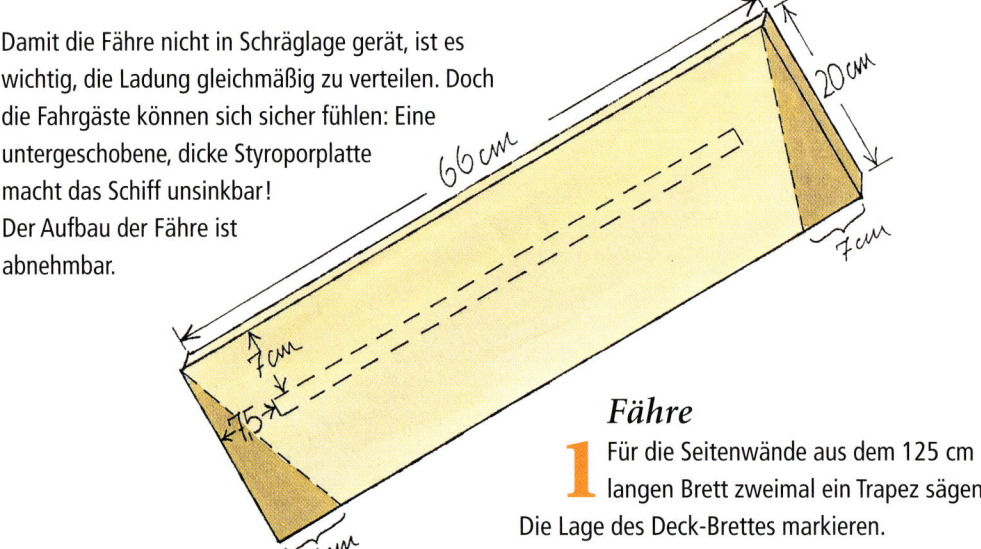

Fähre

1 Für die Seitenwände aus dem 125 cm langen Brett zweimal ein Trapez sägen. Die Lage des Deck-Brettes markieren.

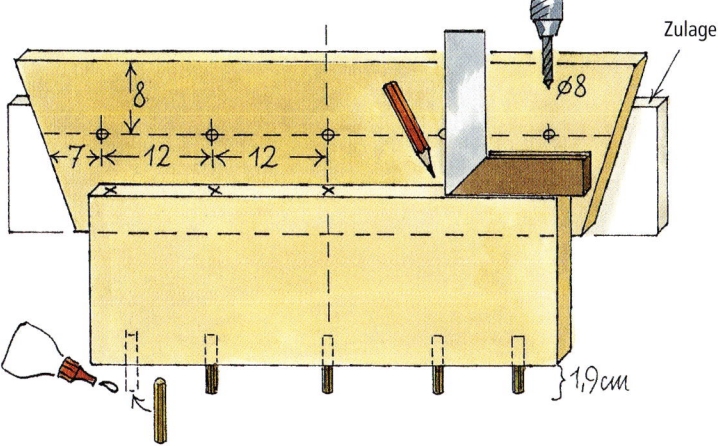

2 Beidseitig des Mittellochs je zwei Löcher anzeichnen und durchbohren (Zulage verwenden!). Die Lochpositionen auf beiden Seiten des Deck-Brettes übertragen und bohren. Je 5 Dübel einleimen (Dübelüberstand 1,9 cm).

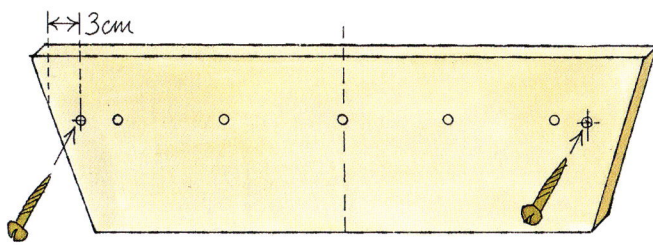

3 In die Innenseiten der Schiffswände in gleicher Höhe 1 cm tiefe Schraublöcher vorbohren. Je zwei Rundkopfschrauben (Überstand 1,3 cm) eindrehen.

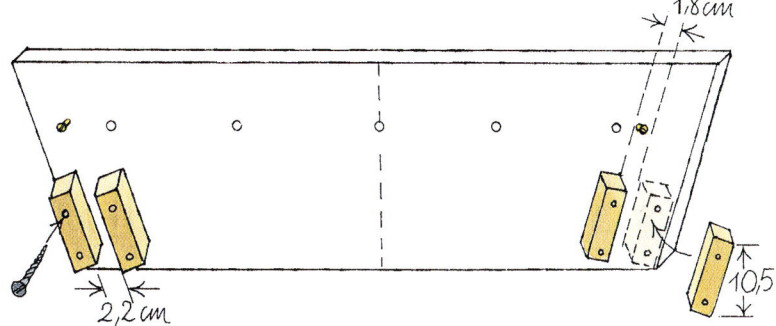

4 Auf die Innenseiten der Schiffswände 10,5 cm lange Vierkantleisten als Führungsschienen für die Rampe anleimen und festschrauben. Damit die Rampen locker bewegt werden können, müssen an ihrer Breitseite 2 mm abgefeilt werden.

W E R K Z E U G

FÄHRE
Fuchsschwanz
  (oder Rückensäge)
Bleistift
Winkel
Lineal
Bohrer (Ø 2; 8 mm)
Längsschlitz-
  Schraubendreher
Kreuzschlitz-
  Schraubendreher
Streichmaß
Zwinge (Leimzwinge)
Stecheisen (8 mm)
Holzhammer
Feile
Stichsäge
  (Kleine Bügelsäge)
Zulagenhölzer

M A T E R I A L

FÄHRE
Brett (125 x 20 x 1,8 cm)
  (Seitenwände)
Brett (72 x 20 x 1,8 cm)
Brett (51 x 20 x 1,8 cm)
  (Deck-Brett)
2 Bretter (25 x 20 x 1,8 cm)
8 Vierkantenleisten
  (10,5 x 2,8 x 1,8 cm)
10 Dübel (Ø 8 mm)
Schleifpapier (K 180)
Holzleim, wasserfest
4 Rundkopfschrauben,
  Messing (3,5 x 30 mm)
16 Kreuzschlitzschrauben
  Messing (2,5 x 30 mm)

RAMPENSCHLITZ

In die 25 cm langen Schmalseiten der Rampenbretter zwei gegenüberliegende Schlitze (8 mm breit, 13 cm lang, 1,5 cm tief) stechen.

1. Beide Dornen des Streichmaßes auf die Breite des Stecheisens (8 mm) einstellen und den Schlitz anreißen.

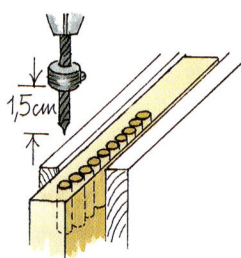

2. Den Bohrer bei 1,5 cm fixieren, das Brett zwischen Zulagen spannen und den Schlitz Loch an Loch ausbohren.

3. Den Abfall schichtweise herausheben.

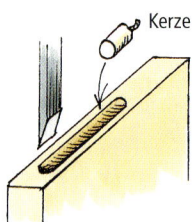

4. Die Wände senkrecht abstechen und den Schlitz mit einem Kerzenrest wachsen.

5 Das Deck auf einer Schiffswand befestigen. Beide Rampen mit den Schlitzen (siehe Randspalte) über die Schrauben setzen und zwischen die Führungshölzer schieben. Die zweite Schiffswand aufleimen und dabei das zweite Schraubenpaar in die oberen Schlitze der Rampe senken.

6 Überstehende Dübel abschleifen. Durch Schieben und Umklappen die Rampen bewegen, eventuell die Kanten etwas abrunden.

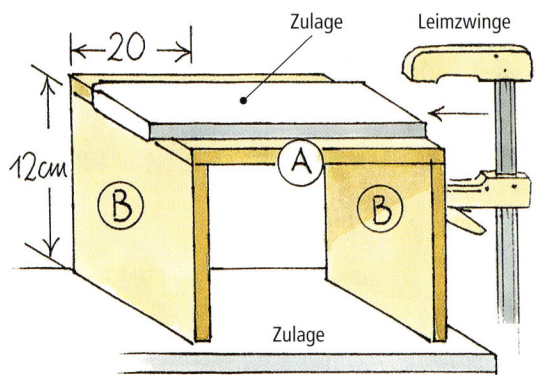

7 Für den Schiffsaufbau Deck (A) und Seitenwände (B) stumpf zusammenleimen und zwischen Zulagen pressen (Brettaufteilung für den Schiffsaufbau siehe Randspalte S. 44).

Autos

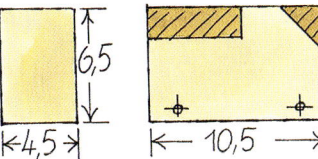

1 Die Seitenansicht des Fahrzeugs auf ein Leistenstück zeichnen.

2 Mit geraden Sägeschnitten das Abfallholz abtrennen.

3 Die Fahrzeugkanten mit Schleifpapier brechen. Räder an das Fahrzeug halten und den Radabstand am Auto markieren.

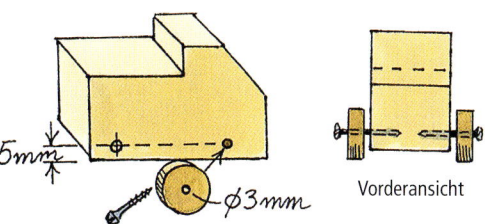

Vorderansicht

4 Die Schraubenlöcher vorbohren und die Räder locker anschrauben.

8 Für das Ruderhaus mit Hilfe einer Stich- oder Bügelsäge zwei Türbogen (C) sägen. Stumpfe Wände (D) anleimen und mittig das Dach (E) draufsetzen.

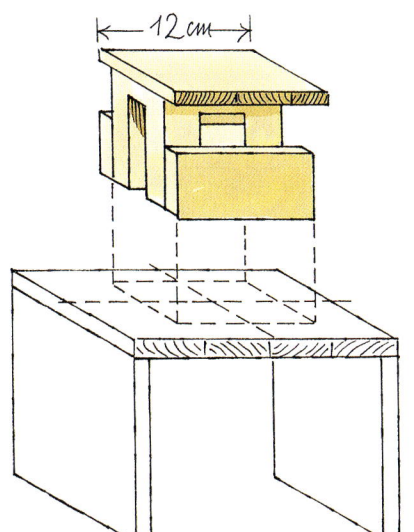

9 Das Ruderhaus auf die Mitte des Unterbaus kleben.

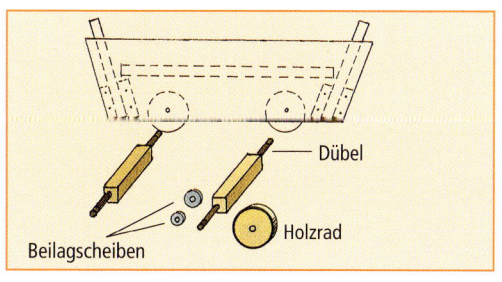

Dübel

Beilagscheiben

Holzrad

Tipp

Auf vier Rädern, die unsichtbar unter Deck befestigt werden, kann die Fähre auch durchs Kinderzimmer gleiten.

Griffkreisel

WERKZEUG

Zirkel
Laubsäge
   (oder Kleine Bügelsäge,
   siehe Tipp unten)
Bleistift
Lineal
Winkel
Schere
Bleistiftspitzer
Bohrer
   (Ø 5; 10; 10,5 mm)
Feuerzeug
Pinsel

MATERIAL

Pressspanplatte
   (12 x 12 x 1 cm)
Leiste (21 x 6 x 2 cm)
Rundholz
   (Ø 10 mm, 10 cm lang)
Rundholz
   (Ø 12 mm, 7 cm lang)
Nylonschnur
   (Ø 4 mm, 75 cm lang)
Holzleim
Schleifpapier
   (K 100, 180, 240)
Dispersionsfarben

Tipp
KLEINE BÜGELSÄGE (DEKUPIERSÄGE)

Mit ihr können Rundungen in Massivholz und Plattenmaterial gesägt werden. Ihr Bügel ist kürzer, aber breiter als bei der Laubsäge. Die Sägeblätter sind 15 cm lang, sind kräftig und leicht auswechselbar.

Auf den Malaiischen Inseln finden jährlich große Wettkämpfe im Kreiseldrehen statt. Die Kreiselscheiben sind gedrechselt und haben etwa die Größe eines Eisstockes. Sie sind außen, an ihrem Rand, wulstartig verdickt und erzielen damit viel Schwungmasse.

Unser Kreisel erhält seine notwendige Schwungmasse von der schweren Pressspanplatte, aus der er ausgesägt wird. Durch seinen tief liegenden Schwerpunkt erreicht er einen ruhigen, fast dreiminütigen Lauf.

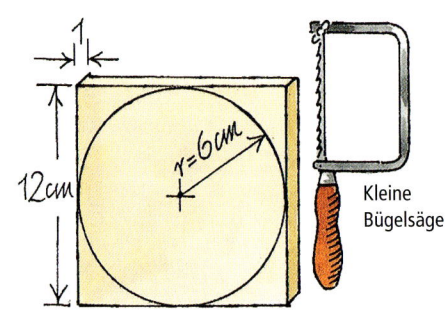

1 Auf die Spanplatte einen Kreis (Ø 12 cm) zeichnen und mit der Bügelsäge aussägen.

2 Die Scheibe einspannen und Unebenheiten des Sägeschnitts mit Feile und Schleifpapier beseitigen. Die Kanten anfasen und durch die Mitte der Scheibe ein Loch bohren (Ø 1 cm).

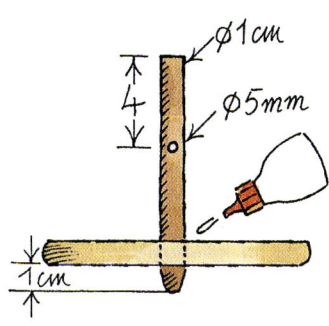

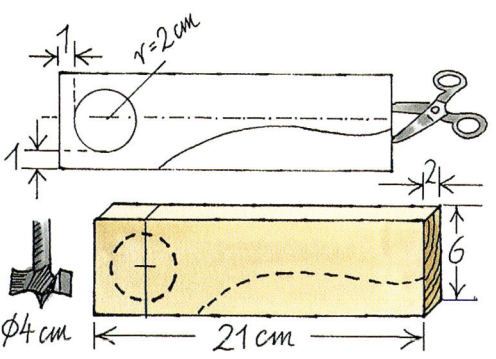

3 Durch den oberen Teil des 10 cm langen Rundholzes ein Loch bohren und das untere Ende etwas anspitzen (nicht zu spitz!). Das Holz als Kreiselschaft in die Scheibe leimen.

4 Eine Papierschablone der Griffform anfertigen und auf das Holz übertragen. Das große Loch mit dem Forstnerbohrer ausschneiden.

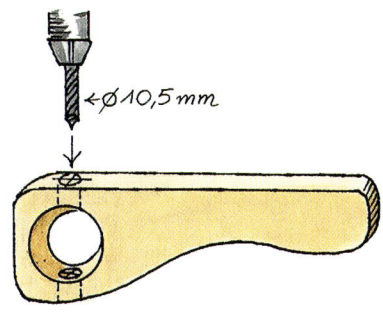

5 Nach dem Aussägen der Griffform senkrechte Löcher für den Kreiselschaft bohren (Ø 10,5 mm). Mit Feile und Schleifpapier die Kanten runden und den Griff glätten.

So wird der Kreisel aufgezogen

Den Kreiselschaft durch die Löcher des Griffs schieben und die Schnurspitze in das Schaftloch stecken. Mit einer Hand die Kreiselscheibe drehen, mit der anderen den Griff fassen. Zwischen Daumen und Zeigefinger die sich um den Schaft wickelnde Schnur führen und dabei leicht straffen.

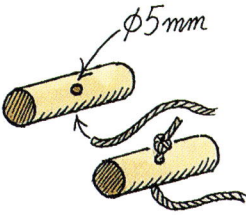

6 Aus einem Stück Rundholz wird der Knebel am Ende der Schnur angefertigt: In die Mitte des 12 mm dicken Rundholzes ein Loch bohren, die Schnur durchfädeln und festknoten.

So kommt der Kreisel in Schwung

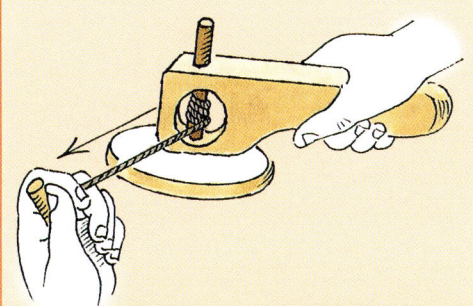

Den Griff waagerecht halten, das Schnurholz fassen und mit ruhiger Bewegung (nicht hastig!) anziehen. Ist die Schnur abgewickelt, schlüpft die Schnurspitze aus dem Loch und der Kreisel fällt auf den Boden und dreht sich.

7 Mit Dispersionsfarbe die weiß grundierte Scheibe bemalen. Während des Drehens wirkt es, als würden sich die Farben mischen und zu bunten Ringen formen.

Stelzen

Stelzenartisten auf unterschiedlich langen Stelzen, mit einem Stab zum Abstützen.

WERKZEUG

Zwingen
Bleistift
Lineal
Winkel
Fuchsschwanz
Bohrer (Ø 6 mm)
Raspel
Feile
Pinsel

MATERIAL

2 Vierkantleisten
  (200 x 3,5 x 3,5 cm)
6 Leistenstücke
  (22 x 3,5 x 3,5 cm)
Holzleim
Schleifpapier
  (K 100, 180)
4 Flachrundschrauben
  mit Vierkantansatz
  (6 x 80)
4 Flügelmuttern (Ø 6 mm)
4 Beilagscheiben
  (innen Ø 6 mm)
Dispersionsfarben

Auf Stelzen kann man mit Riesenschritten gehen, wie im Märchen von den Siebenmeilenstiefeln. Es gehört jedoch ein wenig Übung dazu! Hirten im Südwesten Frankreichs brachten es im Stelzenlaufen zu besonders großer Fertigkeit: Von ihrer erhöhten Warte aus konnten sie ihre Schafe besser im Blick behalten und vor den Wölfen schützen.

An unseren Stelzen kann der Bodenabstand durch verstellbare Tritte verändert werden:
Je höher der Schwerpunkt liegt, umso langsamer erfolgt das Umkippen und damit bleibt mehr Zeit, mit einem Ausfallschritt darauf zu reagieren.
Um auf Stelzen den richtigen Halt zu bekommen, werden die Enden der Stützen unter die Achseln geklemmt und die Stangen von vorn umfasst.

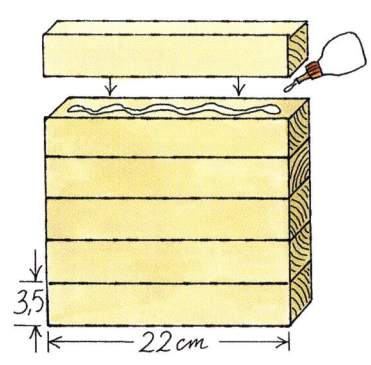

1 Sechs Leistenstücke zum Block zusammenleimen und mit Zwingen pressen.

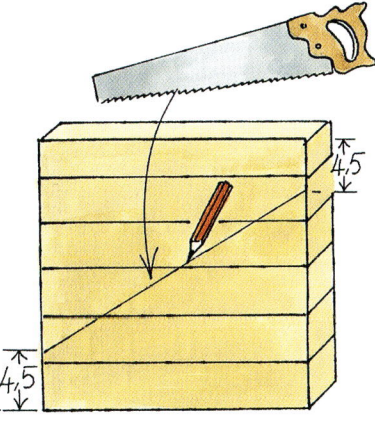

2 Nach 4,5 cm (gemessen von der Ober- und Unterkante) den Block diagonal zu zwei Fußtritten auseinander sägen.

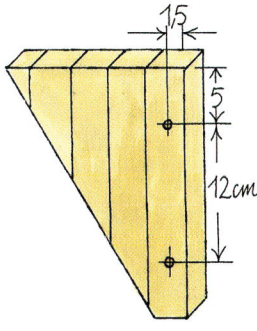

3 Jeden Tritt mit zwei Löchern durchbohren (Ø 6 mm).

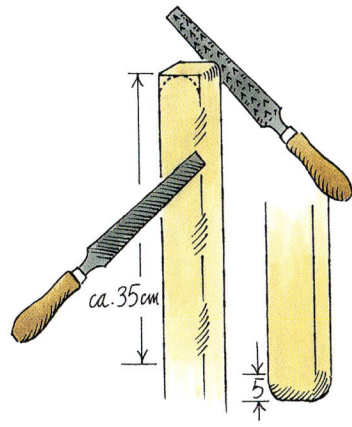

4 Die oberen Enden der Stützen mit Raspel und Feile abrunden und die Seitenkanten brechen. Auch die Kanten am unteren Ende leicht runden.

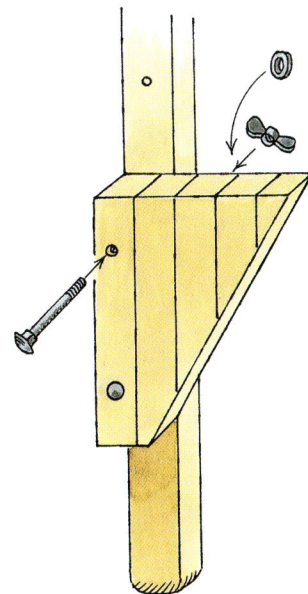

6 Die Tritte mit je zwei Schrauben und Flügelmuttern (mit Beilagscheiben) in der gewünschten Höhe an den Stützen befestigen. Die Stelzen mit Dispersionsfarben bemalen.

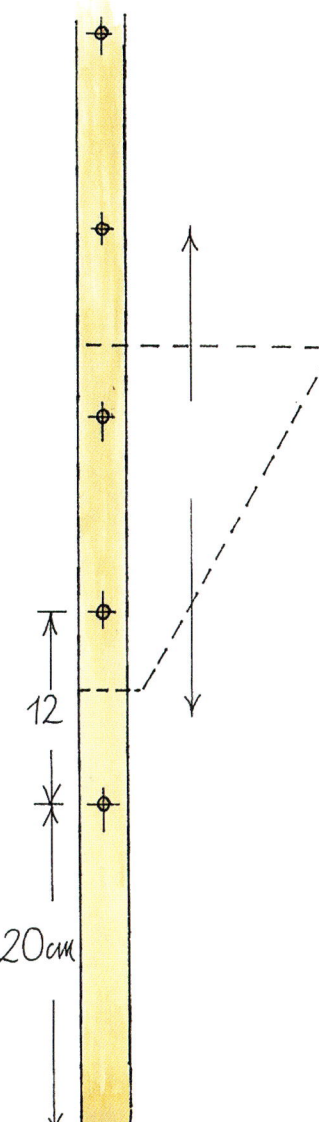

5 Beide Stützen gleichmäßig und exakt im Abstand von 12 cm fünfmal durchbohren.

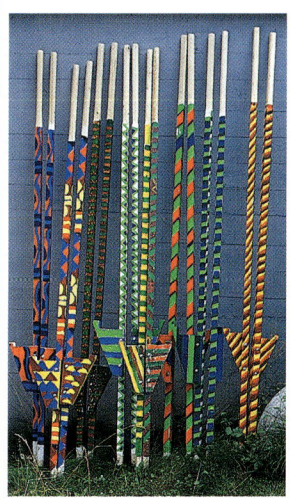

Stelzen mit Überständen
Sie sind nur Stelzengehern mit passender Schuhgröße zu empfehlen, denn wenn die Aussparung für den Schuh zu klein ist, klemmt er fest und ein eventuell notwendiger Absprung vom Tritt wird gefährlich verzögert.

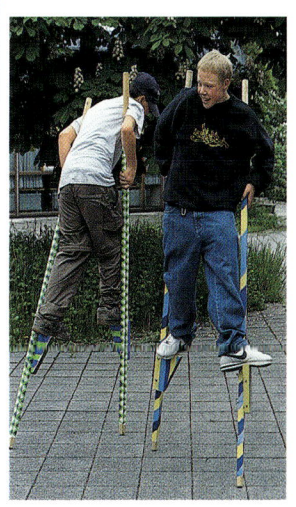

Dreimaster und Raddampfer

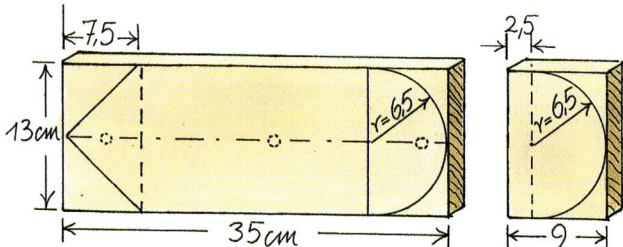

DREIMASTER

Bleistift

Winkel

Lineal

Zirkel

Fuchsschwanz
  (oder Rückensäge)

Stichsäge

Bohrer (Ø 8 mm)

Ahle

Schraubendreher

Feinblechschere

Der große Windjammer wird von einer festlich geschmückten Ferienflotte aus dem Hafen geleitet.
Wenn es dann auf große Fahrt geht, bleiben kleine Dampfer und Barkassen bei den Enten in Ufernähe zurück.

Hölzer haben ihr spezifisches Gewicht und tauchen dementsprechend tief ins Wasser ein. Sind die Aufbauten zu schwer, wird das Deck geflutet. Ganze oder halbierte Flaschenkorken, aufgenagelt auf die Brettunterseite, heben das Schiff. Je breiter das Brett und je tiefer der Schwerpunkt, umso kippsicherer liegt das Schiff im Wasser.

Dreimaster

Schiffsform mit rechtwinkligem Bug und rundem Heck auf das 2,5 cm dicke Brett zeichnen; auf das Restholz ein zweites Halbrund, plus 2,5 cm Zugabe. Alle Teile mit der Stichsäge aussägen.

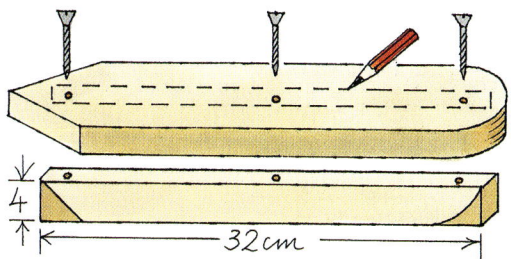

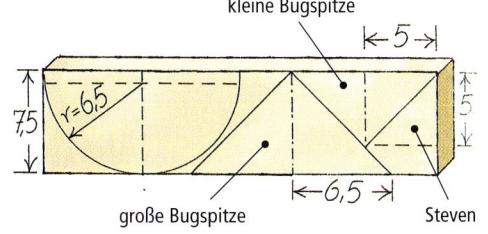

2 Die Leiste für den Kiel vorne abschrägen und hinten abrunden. Schmalseite der Leiste auf dem Deck-Brett markieren und Schraubenlöcher (Ø 3 mm) vorbohren. Kiel und Deck zusammenschrauben.

3 Aus dem 7,5 cm breiten Brett zwei Bugspitzen (groß und klein) und ein weiteres Heck sägen.

MATERIAL

DREIMASTER
Brett (Deckbrett)
 (44 x 13 x 2,5 cm)
Brett (25 x 7,5 x 1,8 cm)
Brett (12 x 9 x 1 cm)
Leiste (Kiel)
 (32 x 4 x 2 cm)
3 Senkkopfschrauben
 (3,5 x 50 mm)
6 Rundkopfschrauben
 (2,5 x 20 mm)
2 Vierkantleisten
 (4 x 2,5 x 2,5 cm)
4 Rundhölzer (Ø 8 mm)
4 Schaschlikhölzer
2 Zahnstocher
Holzleim, wasserfest
3 Sektkorken
2 Weinkorken
Tablettenröhrchen
Bleigewichte
 (Anglerbedarf)
Alublechstreifen
Abdeckband
Zeichenpapier
Buntpapier

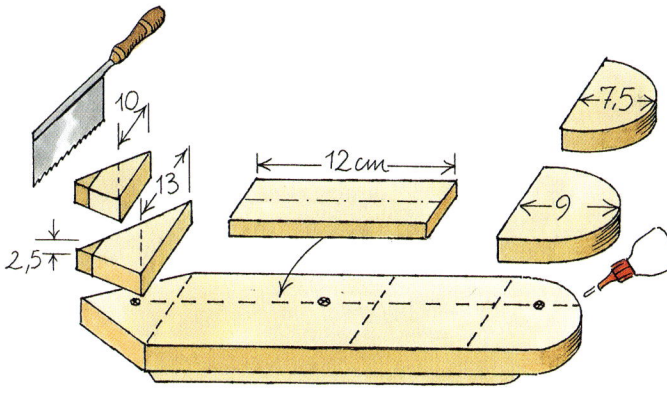

4 Die Spitzen der beiden Bughölzer bei einer Breite von 2,5 cm absägen. Alle Teile und ein Brett (12 x 9 x 1 cm) mittig auf das Deck leimen.

5 In eines der beiden 4 cm langen Leistenstücke 3 cm tief (Ø 8 mm) bohren. Das zweite Leistenstück ca. 30° schräg absägen und auf den Bug leimen. Den Steven an die gekappten Bughölzer leimen. Rundhölzer (Ø 3 und 8 mm) ca. 10 cm lang mit Abdeckband zusammenbinden und als Klüverbaum in das Leistenloch stecken (nicht kleben!). Drei Löcher für die Maststangen (Ø 8 mm) 3 cm tief bohren.

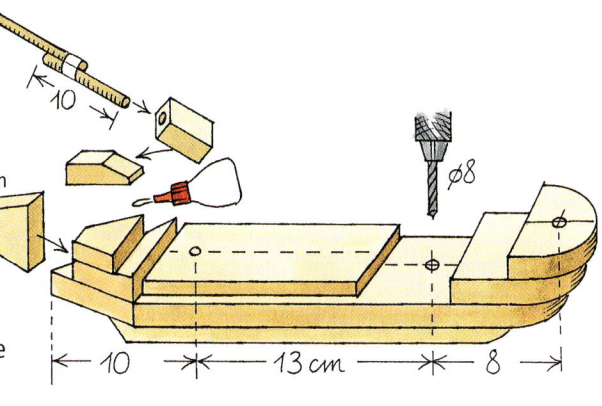

Tipp
Die Maststangen nicht festkleben, sondern durch die Korkmanschetten in die Bohrlöcher stecken (siehe Seite 54). Mit abgenommenen Stangen lässt sich das Schiff besser transportieren. Die Segel und Mastkörbe können leicht abgezogen und wieder aufgeschoben werden.

PAPIER-SEGEL

8 Trapezsegel aus gefalte-
ten Bögen Zeichenpapier
schneiden und durch
Locheinschnitte auf die
Masten stecken. Das
Klüversegel an Klüver-
baum (A) und Fockmast
(B) befestigen.
Das Besansegel unten auf
den Besanmast stecken.

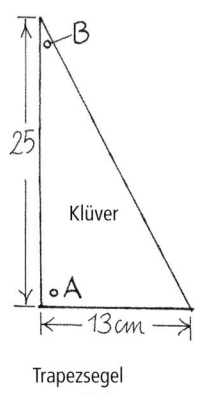

Trapezsegel

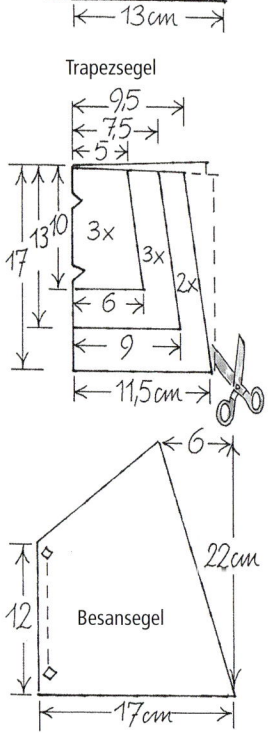

Tipp

Die nötige Stabilität
erreicht man, indem man
in ein Tablettenröhrchen
Anglerblei füllt.
Das Röhrchen wird mit
einem Blechstreifen
(z.B. Getränkedose) an
den Kiel geschraubt.

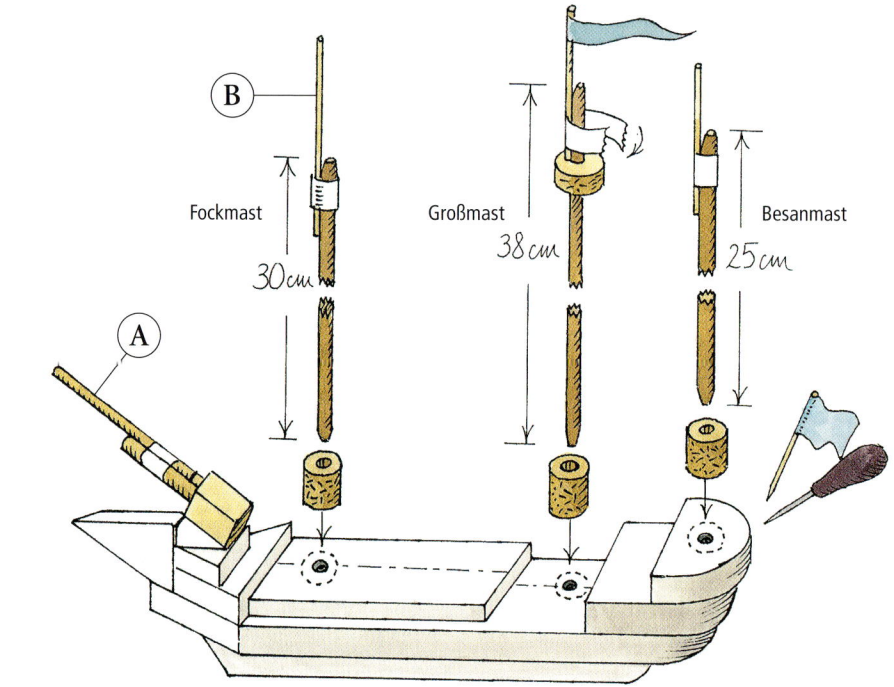

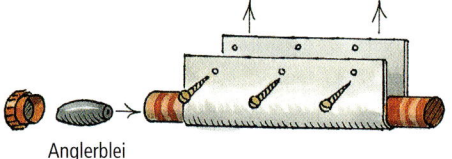

Anglerblei

6 Von Sektkorken erst die Kappen mit der Puksäge entfernen, dann durchbohren (Ø 8 mm)
und um die Mastlöcher kleben. Die Maststangen
mit dünnen Rundhölzern und Klebeband verlängern und durchbohrte Korkscheiben als Mastkörbe aufstecken. Segel (siehe Randspalte), Fahnen und Wimpel aus Buntpapier anbringen.

Raddampfer

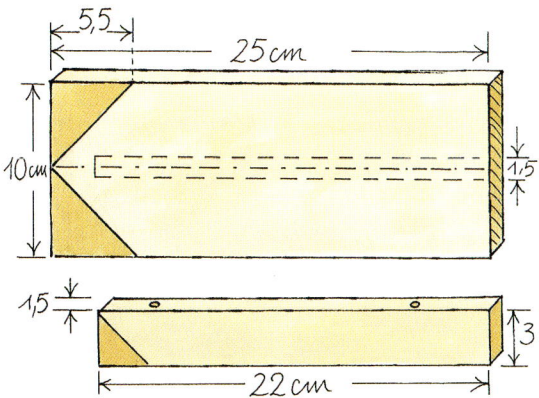

1 Auf das Brett für den Dampfer einen rechtwinkligen Bug zeichnen und aussägen. Die Mittelachse markieren und zwei Schraublöcher bohren. Die Leiste für den Kiel abschrägen und das Dampferbrett aufschrauben.

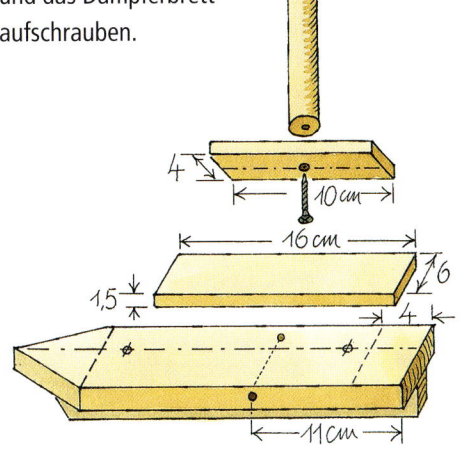

2 Für das Schaufelrad seitlich zwei Schraublöcher bohren und mittig eine Deck-Etage aufleimen. An das zweite Etagenbrett den Kamin aus Rundholz schrauben, das Brett wenden und mittig auf das erste kleben.

3 Die Schaufelräder (siehe Kasten rechts) locker drehend einschrauben. Den Kamin mit einem Korken verlängern und das Schiff mit Fahnen und Wimpeln schmücken.

Schaufelrad

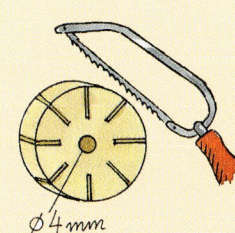

1. Einen Kreis 8x teilen und die Holzscheiben an diesen Stellen radial 1 cm tief einsägen.

2. Vom Aluminiumblech 16 Streifen schneiden und jeden Streifen an einem Ende abrunden.

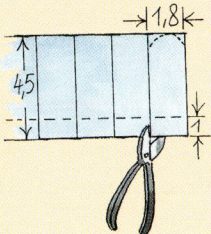

3. Das andere Ende zwischen Zulagen im Schraubstock 1 cm breit umlegen.

4. Die Schaufeln mit der umgelegten Seite in das Rad stecken. Zwischen Rad und Schiff eine Beilagscheibe auf die Schraube stecken.

Blätterdomino

WERKZEUG

Laubsäge
Sägeblätter, fein
Sägetisch mit Zwinge
Bleistift, weich
Pinsel
feuchter Schwamm

MATERIAL

Sperrholz (4 mm dick)
Papier, ca. 20 x 30 cm
Klebeband
Schleifpapier (K 180)
Dispersionsfarben
Klarlack, seidenmatt

*Wenn der Maler Herbst die Bäume färbt, kann man Blätter sammeln
und immer gleiche Farben aneinander legen. Drinnen kann man das
Spiel mit Blättern aus Sperrholz spielen.*
*Hängt man sie mit dünnen Nylonfäden an einen kahlen Zweig,
bewegen sie sich im Luftzug wie fallendes Laub.*

Die Blattform wird nicht von einem natürlichen Blatt
abgenommen, sondern selbst entworfen: einfache
volle Blattformen, rundlich, herzförmig, oval,
handförmig, gezackt, gezahnt oder gelappt.
Der Stiel muss sehr breit sein,
damit er nicht abbricht.

1 Blattform auf das Holz übertragen (siehe Tipp).

2 Blatt aussägen und Kanten mit Schleifpapier brechen.

3 Holz anfeuchten und nach dem Trocknen überschleifen.

4 Mit weißer Dispersionsfarbe grundieren. Nach dem Trocknen die Blattflächen oben und unten mit bunter Dispersionsfarbe dünnflüssig bemalen.

5 Über den farbigen Blattgrund kontrastierende Blattrippen und Adern malen, anschließend lackieren.

Tipp
Die Blattform wird auf Papier vorgezeichnet und auf das Holz durchgepaust. Dazu wird das Papier mit Vorzeichnung umgedreht und an die Fensterscheibe geklebt. Durch das durchscheinende Papier zeigt sich deutlich die Zeichnung. Der Blattumriss wird mit flach gelegtem, weichem Bleistift überkritzelt und so eingeschwärzt. Danach wird das Papier von der Fensterscheibe abgenommen, mit der Zeichnung nach oben auf die Sperrholzplatte gelegt und mit Klebestreifen befestigt. Durch Nachfahren der Linien überträgt sich die Zeichnung gut sichtbar auf die Holzoberfläche.

Schmetterlingspuzzle

WERKZEUG

Bleistift
Schere
Laubsäge
Pinsel
Schleifklotz

MATERIAL

Sperrholzplatte
  (20 x 30 cm, 4 mm dick)
Papier
Schleifpapier (K 240)
Abdeckband
Dispersionsfarbe, weiß
Transparentlacke, farbig

Schmetterlinge, diese flatternden Kunstwerke der Natur, mit leuchtenden Augenflecken und feinen Adern auf den hauchdünnen Flügeln aus Chitin, sind unser Vorbild. Zum Riechen benützen sie Fühler und den Blütennektar nehmen sie mit ihrem Ringelrüssel auf.

Auch die Sperrholzplatte ist dünn. Damit abstehende Fühler oder Rüssel nicht abbrechen können, müssen sie dicker ausgesägt werden. Ihren glänzenden Schimmer erhalten Falter und Nachtschwärmer durch farbige Transparentlacke.

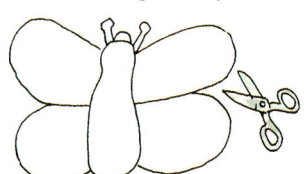

1 Einen Schmetterling auf Papier zeichnen und ausschneiden.

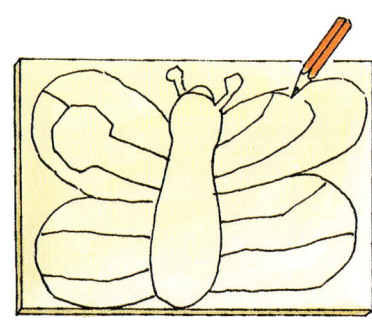

2 Umriss und Körper auf die Sperrholzplatte übertragen. Auf die Flügel Adern zeichnen. (Nicht zu viele!)

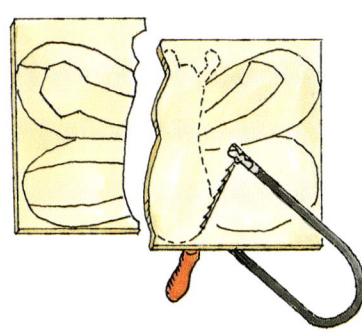

3 Den Körper aussägen und die rauen Säge-kanten mit Schleifpapier glätten.

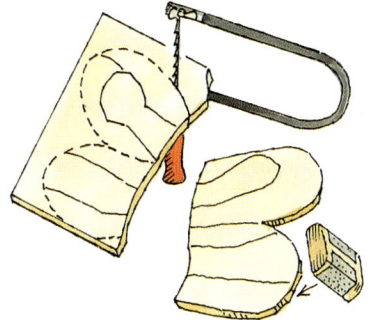

4 Beide Flügelpaare aussägen und die Kanten ebenfalls abschleifen.

5 Die Flügel an den Adernlinien teilen und die Sägekanten glätten.

Lila Luna, die Nacht-schwärmerin, hat ihr Flügelcape mit feurig leuchtendem Innenfutter angelegt, um damit durch die sternklare Nacht zu flattern. Bald wird nur noch ihr Umriss zu sehen sein und ihre Stiefel – die braucht sie nicht beim Fliegen!

Das Puzzle besteht aus zwei gleich großen, zu-sammengeklebten Sperr-holzplatten. Aus der oberen wird vor dem Zusammenleimen die Falterfrau gesägt.
Damit der Plattenrand nicht durch einen Säge-schnitt verletzt wird, muss das Sägeblatt von unten und innerhalb der Zeich-nung durch ein kleines, gebohrtes Loch geschoben und erst dann oben einge-spannt werden.

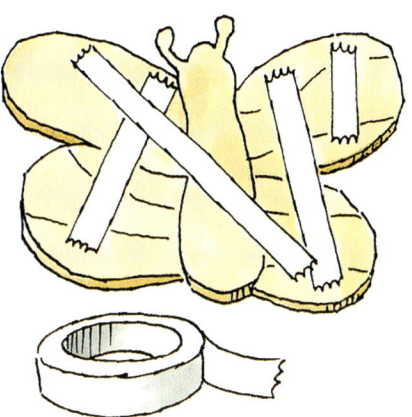

6 Alle Puzzleteile zusammenlegen und auf der Rückseite mit Abdeckband fixieren.

7 Den Schmetterling wenden und mit weißer Dispersionsfarbe dünnflüssig grundieren. Nach dem Trocknen das Holz leicht überschleifen und mit farbigen Transparentlacken bemalen.

Hühnchen auf der Leiter

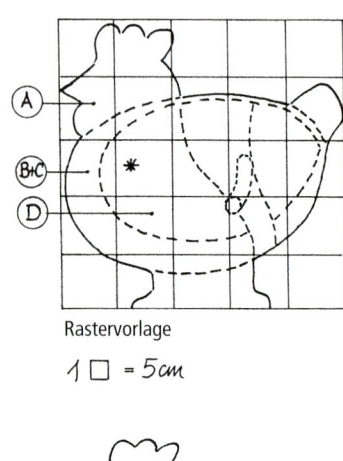

Rastervorlage

1 □ = 5 cm

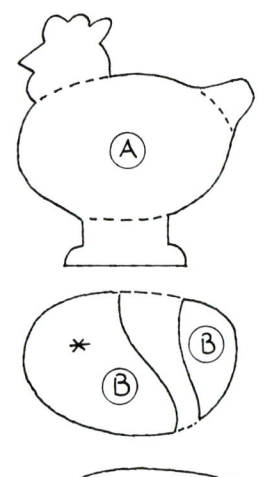

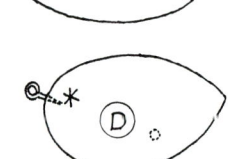

Papierschablone

*Nicht „gack, gack", sondern „klack, klack!"
macht unser Hühnchen beim Eierlegen.*

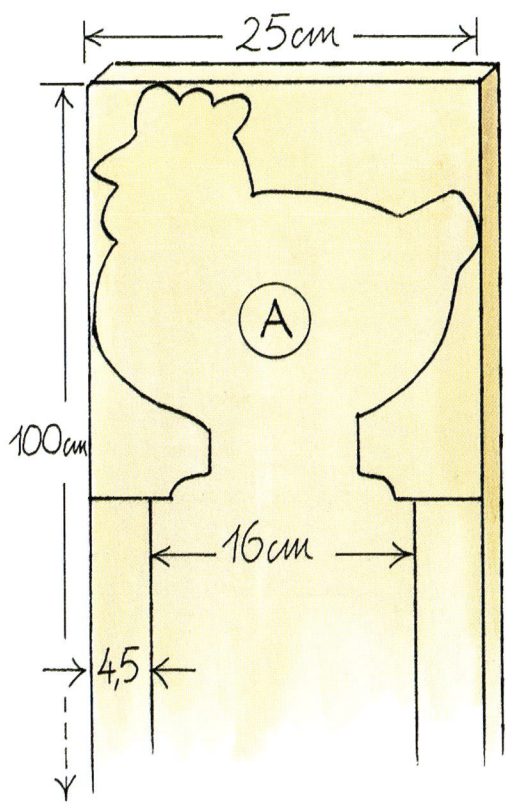

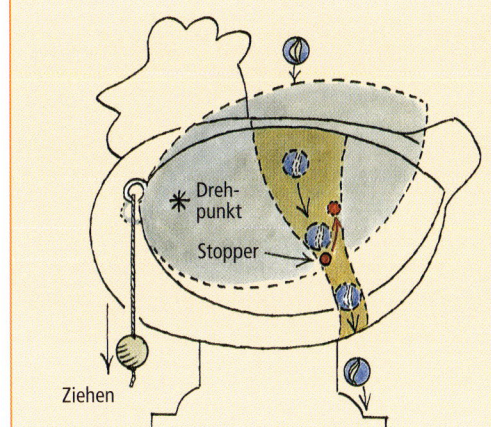

Durch Zug an der Holz-
perle hebt sich der Flügel
und der daran befestigte
Stopper-Dübel gibt den
Glasmurmeln im Hühner-
bauch freie Bahn.
Da das Leiterbrett leicht
nach hinten geneigt ist
(ca. 10 Grad), können sie
dabei nicht aus der Spur
hüpfen.

WERKZEUG

Elektrische Stichsäge
Feinsäge
Bohrer (Ø 3; 6; 8 mm)
Raspel
Feile
Bleistift
Lineal
Maßstab
Winkel
Winkelmesser
Zwingen
Pinsel

1 Form (A) auf das Leiterbrett übertragen und mit der Stichsäge aussägen. Den unteren Teil des Brettes auf beiden Längsseiten um 4,5 cm schmaler machen. Es ergibt sich dadurch eine Breite von 16 cm.

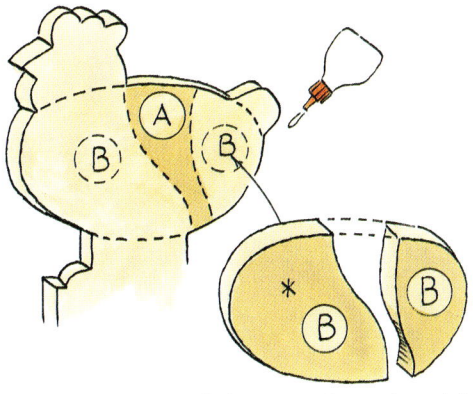

2 Aus dem 2 cm dicken Brett den Aufsatz (B) mit trichterförmigem Ausschnitt sägen. Den Stand der Einzelteile (B) am Körper des Huhns (A) markieren und die Teile aufleimen.

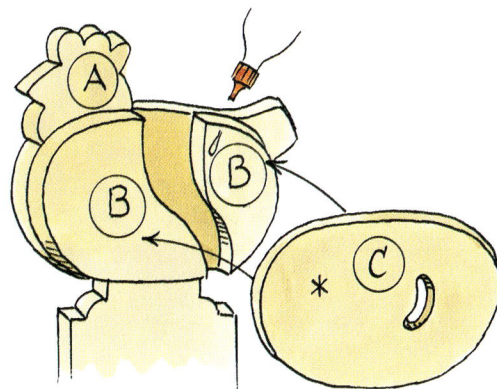

3 Aus Sperrholz einen Aufsatz (C) gleichgroß wie (B) aussägen. Als „Dübelschiene" zwischen zwei Bohrlöchern (Ø 8 mm) eine gebogene Aussparung aussägen. Die Aussparung soll später genau über der Trichteröffnung liegen. (C) auf die Teile (B) kleben, zwingen und pressen.

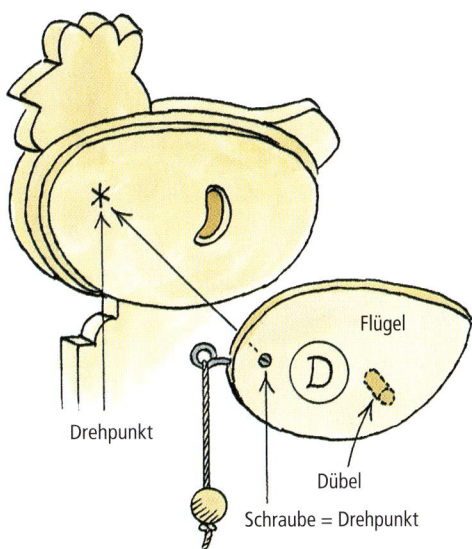

4 Alle Kanten abrunden und schleifen. Die Flügelform (D) aus Sperrholz sägen und jeweils ein Loch für den Stopper-Dübel (Ø 6 mm) und die Rundkopfschraube am Drehpunkt bohren (Ø 3 mm). Den Dübel nach innen überstehend an den Flügel leimen. Das Loch für die Ringschraube vorstechen, die Schraube eindrehen und eine Zugschnur mit Perle daran befestigen. Den Flügel am Drehpunkt auf Teil (C) schrauben.

MATERIAL

Brett (A) – *Leiterbrett*
  (100 x 25 x 1,8 cm)
2 Leisten (Seitenteile)
  (72 x 6 x 1,8 cm)
Brett (Stützkeil)
  (60 x 16 x 1,8 cm)
Leiste (Querholz)
  (20 x 4 x 1,8 cm)
11 Leisten (Sprossen)
  (13,5 x 3 x 1 cm)
Leiste (Blende)
  (14,1 x 3 x 1 cm)
Brett (B)
  (25 x 15 x 2 cm)
Sperrholz (C)
  (25 x 15 x 0,5 cm)
Sperrholz (D)
  (23 x 15 x 0,5 cm)
4 Holzdübel (Ø 6 mm)
Holzleim
kleine Ringschraube
Rundkopfschraube
  (2,5 x 30)
Schnur
Holzperle
Dispersionsfarben
Glasmurmeln
Schleifpapier

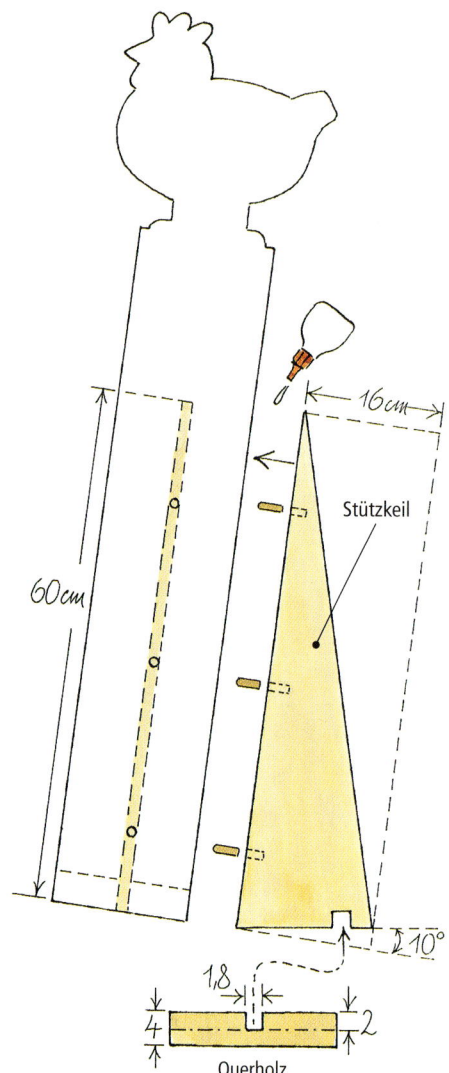

Stützkeil

Querholz

5 Das 60 cm lange Brett diagonal teilen. Von der Breitseite eines Teils einen Keil von 10° absägen und eine Nut (2 cm tief, 1,8 cm breit) ausstemmen. Den langen Keil an der Rückseite des Leiterbretts mittig befestigen und ein Querholz mit Nut einkleben.

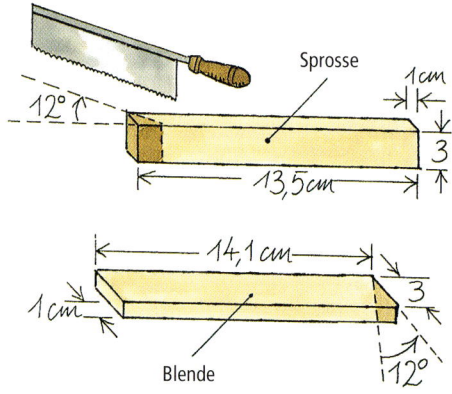

Sprosse

Blende

6 Alle zehn Sprossenleisten an einem Ende, in einem Winkel von ca. 12°, abschrägen, ebenso die Blende auf einer Flachseite.

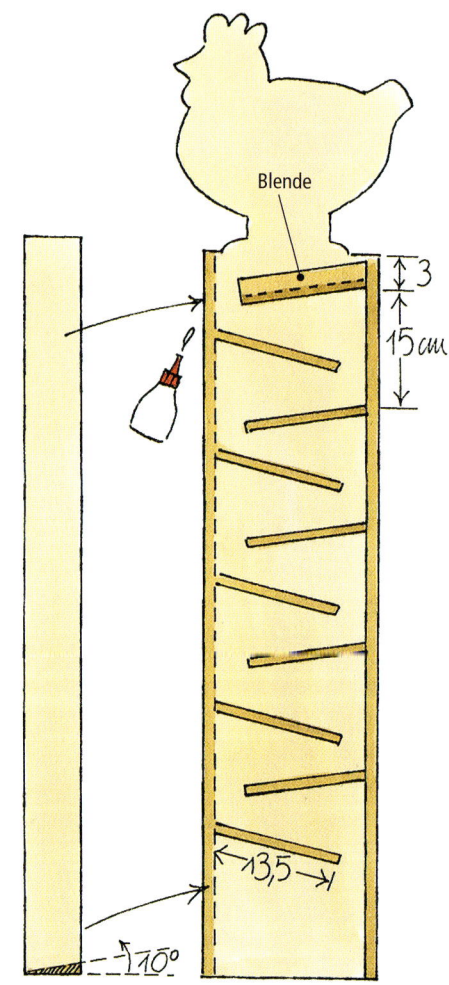

Blende

7 Die Seitenbretter unten um ca. 10° abschrägen und bündig mit der Rückseite rechts und links an das Leiterbrett leimen. Die Sprossen versetzt in einem Abstand von ca. 15 cm an Leiterbrett und Seitenteile kleben. Vor die oberste Sprosse die Blende leimen und das Hühnchen mit Dispersionsfarben bemalen.

Tiere und Figuren

Piraten-Kegeln

Seeräuber sind raue Burschen. Sie jagen ihre Beute über südliche Meere und verstecken sich mit ihren Schätzen in einsamen Buchten tropischer Inseln. Bis zur nächsten Kaperfahrt vertreiben sie sich die Zeit mit Kegeln.

WERKZEUG

Bleistift
Winkel
Rund-(Halbrund-)Raspel
Rund-(Halbrund-)Feile
Fuchsschwanz
  (eventuell Feinsäge)
Pinsel

MATERIAL

Kantholz (30 x 8 x 8 cm)
Schleifpapier
  (K 80, 120, 180)
Dispersionsfarbe, weiß
Wasserfarben
Sprühlack,
  transparent/seidenmatt

Die Kegelfiguren werden durch Einschnitte oder Kerben nur schwach geformt. Damit beim Umfallen nichts absplittern kann, werden alle Ecken und Kanten abgerundet. Schwere Holz- oder eiserne Boulekugeln bringen die Figuren zu Fall.

1 Auf der Vorderseite des Kantholzes den Hals (eventuell eine Taille), Beine und Füße markieren. Die Markierungen auf gleicher Höhe auch seitlich anzeichnen.

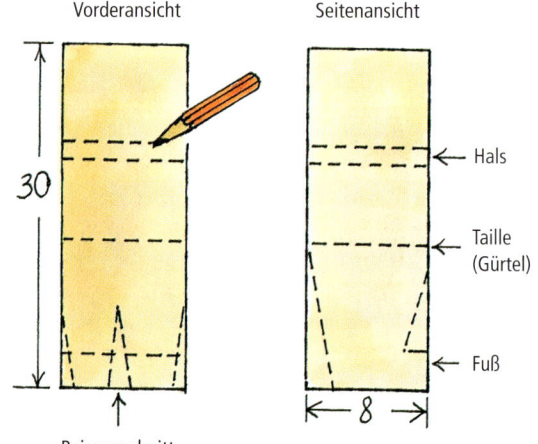

Vorderansicht
Seitenansicht
30
← Hals
← Taille (Gürtel)
← Fuß
8
Beinausschnitt

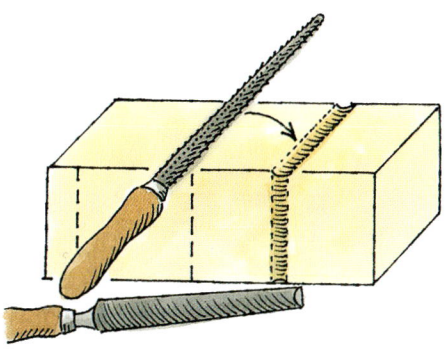

2 Mit Rund- oder Halbrund-Raspel und Feile das Holz an den Markierungen bearbeiten.

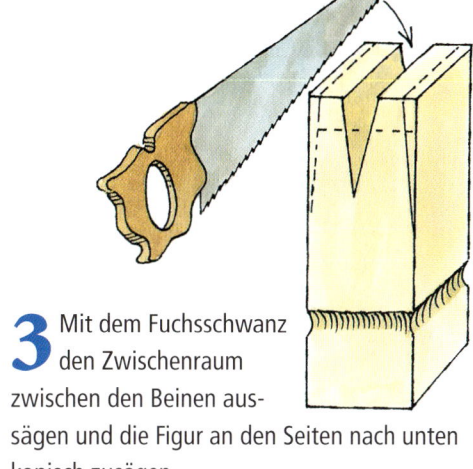

3 Mit dem Fuchsschwanz den Zwischenraum zwischen den Beinen aussägen und die Figur an den Seiten nach unten konisch zusägen.

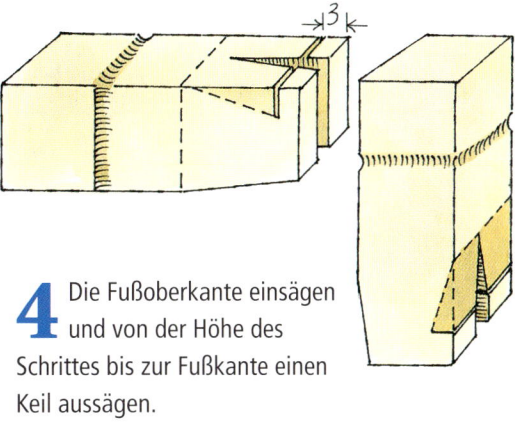

4 Die Fußoberkante einsägen und von der Höhe des Schrittes bis zur Fußkante einen Keil aussägen.

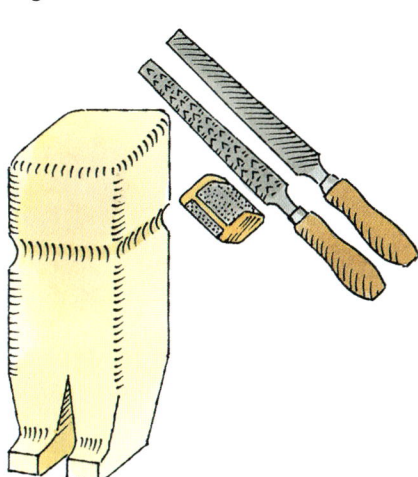

5 Alle Kanten rund raspeln, feilen und schleifen.

6 Die Figur mit Dispersionsfarbe grundieren und mit Wasserfarben bemalen. Wetterfesten Schutz bekommt sie durch aufgesprühten Transparentlack.

Die Insulanerin wird aus einer Vierkantleiste (13 x 4,5 x 3 cm) gefertigt (siehe Seite 70/71 „Herrschaften mit Hut"). Sie wird mit Stoff und Wolle beklebt, mit Federn und Perlen geschmückt.

Tipp
Der Piratenkapitän ist etwas größer als seine Kumpane (36 cm). Sein Zweispitz wird aus einem dicken Brett gesägt (Stichsäge) und in eine ausgestemmte Nut (siehe Seite 33) auf seinem Kopf geschoben.

Eisbär auf Eisscholle

Schraubstock
Bleistift
Feinsäge
Fuchsschwanz
Stemmeisen
Bohrer (Ø 6 mm)
Raspel
Feile
Schleifklotz
Pinsel
feuchter Schwamm

Im nördlichen Eismeer treffen sich die Eisbären auf driftenden Schollen zur jährlichen Hauptversammlung. Das Gesprächsthema Nr. 1 ist der Besuch aus dem Süden, der Schollensurfer im schwarzen Frack. – Dem Pinguin ist dabei nicht ganz geheuer!

Nicht für den Pol, sondern für den Pool sind diese Holztiere geschaffen. Sie sind unerschrockene Taucher, die immer wieder an die Oberfläche kommen und in jeder Lage schwimmen können.

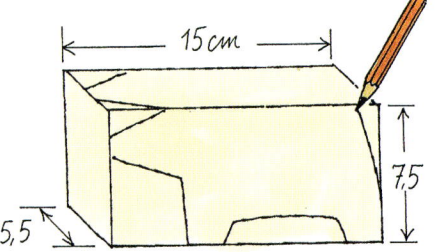

1 Seitenansicht und Draufsicht des Eisbären auf das Vierkantholz zeichnen.

2 Holz einspannen und mit geraden Sägeschnitten die Umrissform zusägen.

3 Bärenkörper mit den Beinen nach oben einspannen. Mehrmals bis zur Bauchkante einsägen und Holz zwischen den Beinen ausstemmen. Der Länge nach einen Keil aussägen, damit vier Beine entstehen.

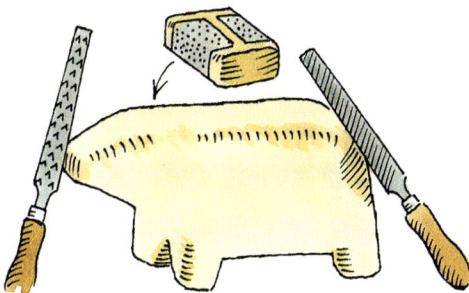

5 Figur mit der Raspel runden und formen, mit Feile und Schleifpapier glätten. Holz befeuchten und nach dem Trocknen nochmals überschleifen.

7 Aus einem Brettrest eine Eisscholle sägen. Kanten mit Feile und Schleifpapier brechen und Scholle anmalen.

Pinguin

Der Pinguin kann ähnlich wie der Eisbär angefertigt werden (siehe Zeichnung). Die Klebeflächen seiner abstehenden Schwimmflügel müssen plan sein und sollten zusätzlich mit kleinen Messingschrauben befestigt werden. Diese sind nach dem Übermalen unsichtbar.

4 Kopfform schlank zusägen. In die Beine vier Dübellöcher bohren.

6 Aus der Leiste vier Tatzen sägen. Tatzen mit der Feile vorne abrunden und vier Dübellöcher bohren. Mit wasserfestem Leim die Tatzen an die Beine dübeln. Löcher für die Ohren bohren und, nach der Bemalung des Körpers mit weißem Lack die Ohren aus Leder-, Kunstleder- oder Filzresten ausschneiden, unten zusammendrücken und einkleben. Mit farbigem Lack Augen und Schnauze malen (siehe Tipp).

MATERIAL

Vierkantholz
  (15 x 7,5 x 5,5 cm)
Leiste
  (ca. 12 x 2 x 0,5 cm)
Schleifpapier
  (K 100, 180)
4 Dübel (Ø 6 mm)
Holzleim, wasserfest
weiße Leder-, Kunstleder-
  oder Filzreste
weißer Lack, seidenmatt
kleine Farblacke

Tipp

In Läden für Hobbybedarf und Modellbau werden farbige Lacke in kleinen Dosen und in geringen Mengen angeboten. Augen und Schnauze können auch mit wasserfesten Permanentstiften aufgezeichnet werden.

Kleiner Frischling

WERKZEUG

Zwinge
Bleistift
Lineal
Winkel und
  Winkelmesser
Feinsäge
Puksäge
Raspel
Feile
Vorstecher

Erst knackt es im Unterholz, dann tippeln sie über den Weg: Wildschweine sind im Maiwald unterwegs! Die Frischlinge sind an der Streifenzeichnung auf ihrem Rücken zu erkennen.

Sperrholz, in farblich kontrastierenden Lagen zusammengeleimt, bildet den Werkstoff für die kleinen Schweine.

1 Sperrholzstreifen zu einem Block (11 x 5 x 3 cm) zusammenleimen und pressen.

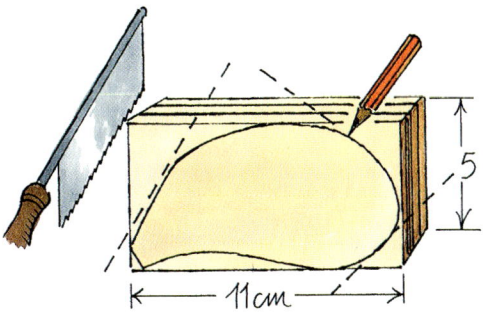

2 Die Umrisse des Wildschweins anzeichnen und die Ecken mit geraden Sägeschnitten abtrennen.

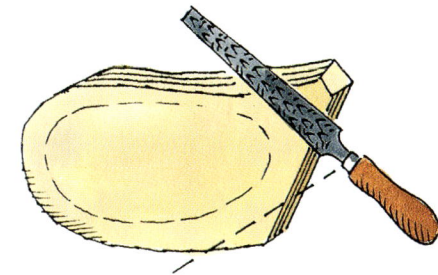

3 Mit der Raspel den ganzen Körper runden. Auf der Bauchseite den Rüssel durch eine weite Mulde formen und Rüsselspitze vorne rund feilen.

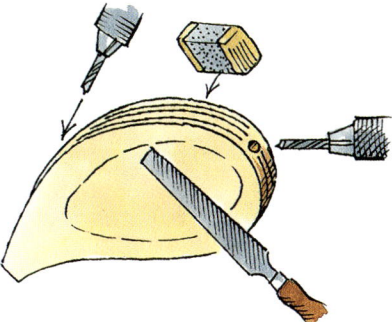

4 Den Körper mit Feile und Schleifpapier glätten. Hinten ein waagerechtes Loch (Ø 4 mm) für den Schwanz bohren. In die Stirn beidseitig und schräg nach vorne Löcher (Ø 4 mm) für die Ohren bohren.

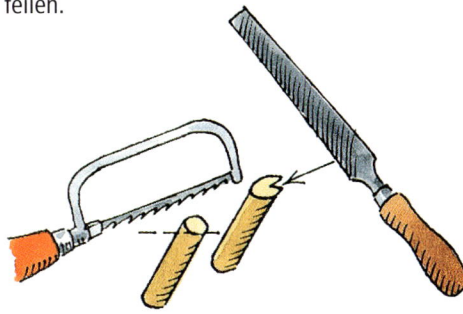

5 Mit der Puksäge vom Rundholz (Ø 6 mm) vier Beine sägen: zwei Vorderbeine (2,5 cm lang), zwei Hinterbeine (3 cm lang). Die Beine an einem Ende zum Huf abschrägen und mit der Feilenkante vorne einkerben.

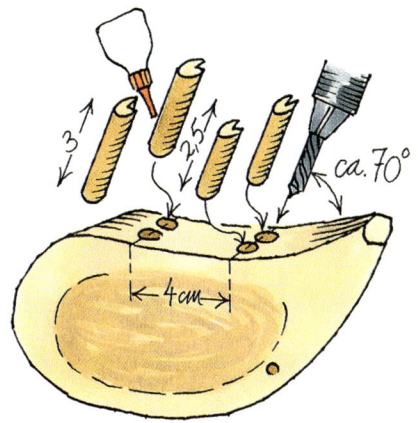

6 In die Bauchseite, parallel im Abstand von ca. 4 cm (mit 1 cm Zwischenraum) und mit einer Bohrhilfe (siehe Tipp unten), 1 cm tiefe Löcher für die Beine bohren. Die Beine einkleben.

7 Körper und Beine mit Wachs und Pigmentpulver einreiben (nicht zu viel Farbe verwenden, Streifen und Holzmaserung sollen noch sichtbar bleiben!) und anschließend polieren. Lederschwanz und rautenförmige Ohren mit der Fellseite nach oben in die Löcher kleben. Ein Vorstecher hilft beim Einschieben.

So kann man sich eine Bohrhilfe selbst bauen:

90°
20°

MATERIAL

Sperrholzreste
  (mind. 11 x 5 cm
  übereinander geklebt
  3 cm dick)
Holzleim
Schleifpapier
  (K 100, 180, 240)
Rundholz
  (Ø 6 mm, 15 cm lang)
Fellreste
Lederstreifen
Bienenwachs
Erdpigmente
  dunkelbraun, rotbraun
Wachs- und Polierlappen
Brett- oder Leistenreste
  für Bohrhilfe
  und Zulagen

Tipp

Das große Wildschwein kann aus einem Vierkantholz (16 x 8 x 5 cm) gearbeitet werden, mit Beinen aus Rundhölzern (Ø 12 mm).

Herrschaften mit Hut

WERKZEUG

Schneidlade
Feinsäge
Schraubstock oder Zwinge
Raspel
Feile
Rundfeile
Schleifklotz
Bohrer (Ø 1,5–2 mm)
feuchter Schwamm
Pinsel

MATERIAL

(FÜR EINE FIGUR)
Brett
   (14 x 5,5 cm–7 x 1,8 cm)
2 Leisten (1,5 x 1 x 6 cm)
Holzreste
Rundholz
Schleifpapier
   (K 120, 180)
Holzleim
2 Nägel (Ø 1,5–2 mm)
Dispersionsfarben
Klarlack, seidenmatt

In der kleinen Stadt herrscht freudige Aufregung:
Die Gebrüder Montgolfier wollen mit ihrem Heißluftballon
auf dem Marktplatz landen!
Aus allen Gassen eilen die Zuschauer herbei. Es werden immer mehr,
denn keiner will sich das einmalige Ereignis entgehen lassen.

Die einfachen Brettfiguren stehen sicher auf einem glatten Sägeschnitt. Ihre Kopfbedeckungen wurden in der Kiste für Holzreste gefunden.

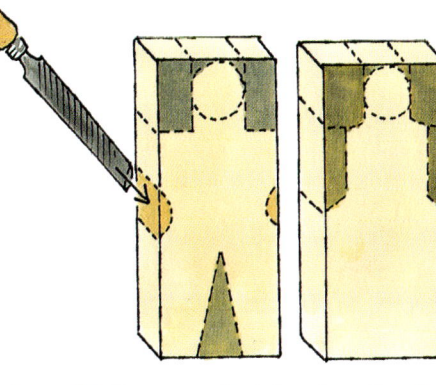

1 Brett rechtwinklig mit Hilfe der Schneidelade in Figurengröße absägen (siehe Tipp Seite 27).

2 Figurenumriss (ohne Arme!) auf das Holz zeichnen. Holz mit Zwinge oder Schraubstock halten. Taille mit Raspel und Feile formen.

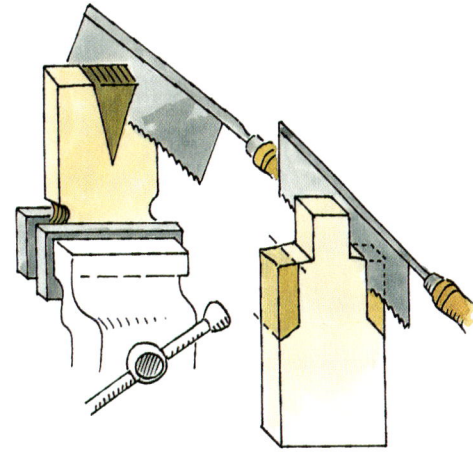

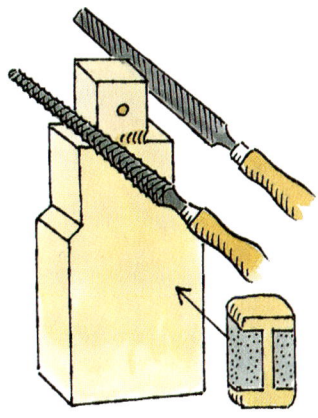

3 Mit geraden Sägeschnitten die Figur aussägen.

4 Den Hals mit der Rundfeile schmälern. Kanten mit der Halbrundfeile brechen und anschließend schleifen (K 120). Loch für Nase bohren.

Tipp

Kleine Leisten spalten sich leicht beim Nageln. Mit vorgebohrten Löchern in Nagelstärke wird dem vorgebeugt.

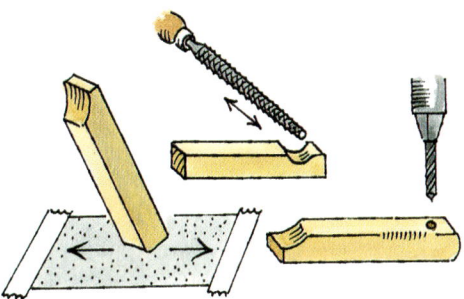

5 Holz wässern und nach dem Trocknen nochmals mit Schleifpapier (K 180) glätten. Nase (angespitztes Rundholz) in das Loch kleben.

6 Von einer Leiste Arme sägen. Handmulden mit Raspel und Feile formen. In Schulterhöhe kleine Löcher bohren (siehe Tipp) und Kanten leicht über Schleifpapier (K 120) ziehen.

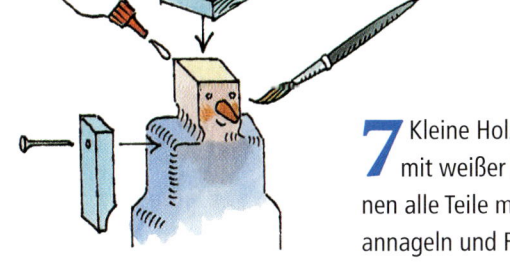

7 Kleine Holzstücke als Hut aufkleben, Figur und Arme mit weißer Dispersionsfarbe grundieren. Nach dem Trocknen alle Teile mit bunten Dispersionsfarben bemalen. Arme annageln und Figur lackieren.

Dicke Brummer

WERKZEUG

Bleistift
Lineal
Feinsäge (oder Laubsäge)
Raspel
Feile
Bohrer (Ø 3; 4; 6 mm)
Pinsel

MATERIAL

WESPE
Leiste (Körper)
   (12 x 5 x 1,8 cm)
Leiste (Flügel)
   (16 x 6 x 1 cm)
Schleifpapier (K 100, 180)
2 Dübel (Ø 4 mm)
Dübel (Ø 6 mm)
Peddigrohr
Holzleim
Dispersionsfarben
kleiner Nagel
Schnur (Nylon)

Von sichtbaren und unsichtbaren Fäden gehalten schweben Flügel-insekten aus der Holzwerkstatt in der Luft.
Sie sind um ein Vielfaches größer als ihre Vorbilder in der Natur, die kleinsten sind handgroß.

Fühler und Saugrüssel bestehen aus elastischem Peddigrohr und die Augen aus Holzperlen. Mehrere Insekten, die an ein Mobile gehängt werden, bilden einen Schwarm.

Wespe

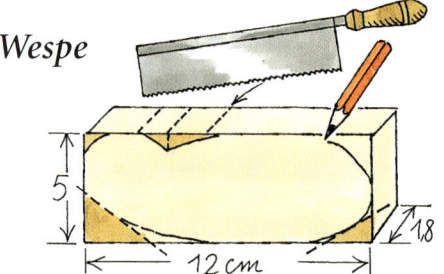

1 Seitenansicht auf eine Leiste zeichnen und mit geraden Schnitten zusägen.

2 Körper mit Raspel und Feile abrunden und mit Schleifpapier glätten.

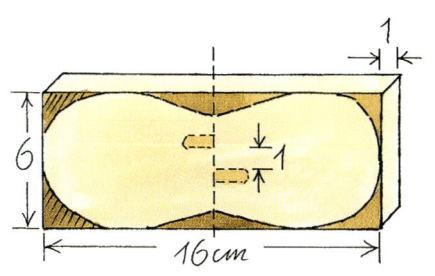

3 Mit Laubsäge oder Feinsäge die Flügel aussägen. In die gerade Kante (versetzt!) Dübellöcher bohren (Ø 4 mm).

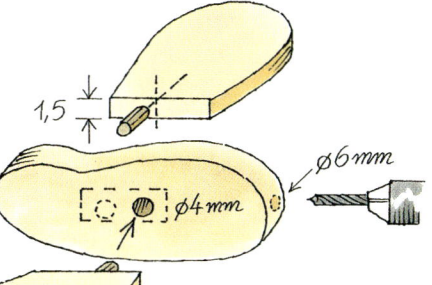

4 Lage der Flügel am Körper markieren. In beide Körperseiten (versetzt!) ein 1,5 cm tiefes Dübelloch bohren und die Flügel andübeln und festleimen. Hinten ein Loch für den Stachel bohren (Ø 6 mm).

5 Dübelholz (Ø 6 mm) zu einer Stachelspitze feilen und einkleben. Drei Löcher (Ø 3 mm) für Rüssel und Fühler in den Kopf bohren und Peddigrohr einleimen. Die Wespe erst mit weißer Dispersionsfarbe grundieren, dann bemalen.

Libelle

Wie bei der Wespe den Körper aus einer Leiste formen. Die Flügel an einem Ende abrunden, am anderen Ende dübelartig zuspitzen, damit sie in die Bohrlöcher (Ø 6 mm) in den Brustseiten passen. Loch (Ø 3 mm) durch den Kopf bohren und ein dünnes Rundholz durchschieben, Perlen als Augen aufleimen. Körper und Flügel mit Dispersionsfarbe lasierend bemalen, mit Bonbon-papier bekleben und seidenmatt lackieren.

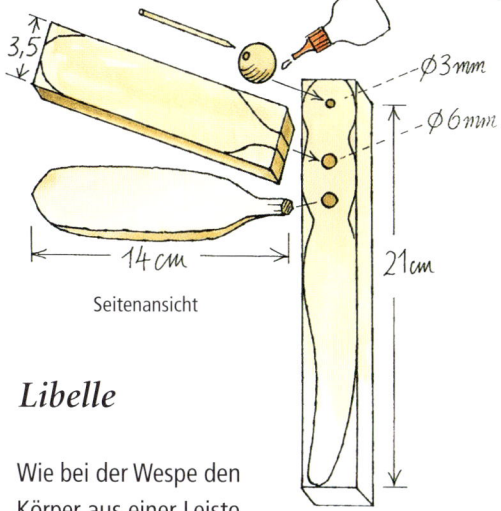

Seitenansicht

MATERIAL

LIBELLE
Leiste (21 x 3 x 2,5 cm)
4 Leisten
  (14 x 3,5 x 0,4 cm)
Rundholz (Ø 3 mm)
Schleifpapier
  (K 100, 180)
2 Holzperlen (Ø 1,5 cm)
Holzleim
Dispersionsfarben
Metallfolie
  (oder Bonbonpapier)
Klarlack, seidenmatt
Perlen

Tierkrocket

Katze, Hase, Fuchs und großes Meerschweinchen zeigen Sportsgeist und haben sich als Spieltore aufgestellt. Mit von der Partie sind Eichhörnchen, Igel, Dachs, Huhn und Gans, die sich ebenso breitbeinig in die Wiese stellen lassen.

WERKZEUG

TIERFIGUREN
Bleistift
Zirkel
Lineal
Schere
Laubsäge
Pinsel

MATERIAL

JE TIERFIGUR
Sperrholzplatte
  (40 x 30 x 0,6 cm)
4 Vierkantleisten
  (6 x 3,5 x 3,5 cm)
Karton (15 x 15 cm)
Schleifpapier (K 120)
Dispersionsfarben
Holzleim

Mittels angeleimter Leistenstücke stehen die Tiere von selbst. Zwischen den Beinen sind jeweils gleich große Öffnungen ausgesägt.

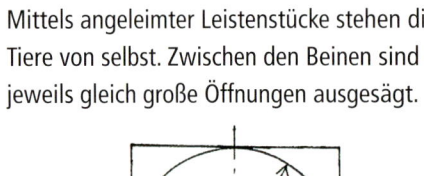
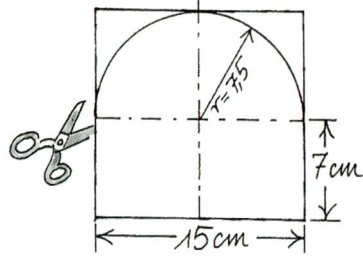

1 Aus Karton eine Tor-Schablone anfertigen: Einen Halbkreis (r = 7,5 cm) zeichnen und beidseitig um 7 cm verlängern.

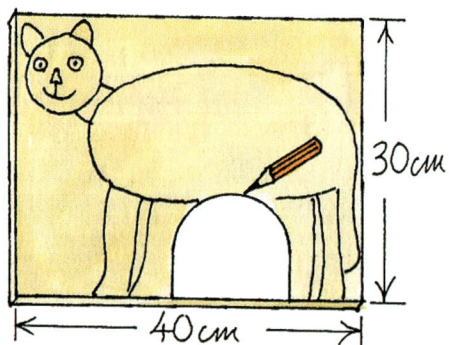

2 Die Tierform auf das Sperrholz zeichnen und das Tor bündig mit der Brettkante unter den Körper einzeichnen. Die Beine als Torpfosten platzieren.

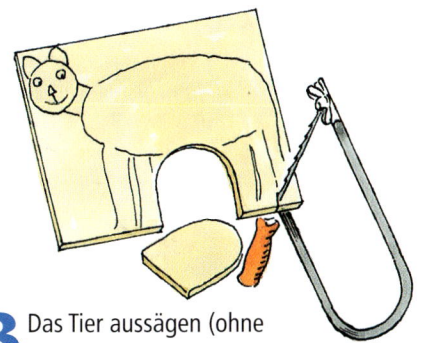

3 Das Tier aussägen (ohne Zwischenräume zwischen den einzelnen Beinen!) und die Kanten mit Schleifpapier glätten.

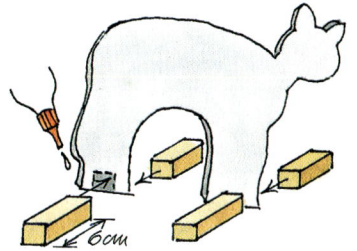

4 Je zwei 6 cm lange Vierkantleisten als Standfuß unten bündig vor und hinter die Beine kleben.

5 Die Figur auf Vorder- und Rückseite mit Dispersionsfarben bemalen.

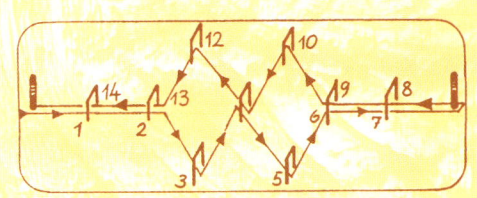

Wem es beim Aussägen schwer fällt, sein Sperrholz ständig auf die Werkbank oder das Sägetischchen zu drücken, der sollte seine Platte mit Schraubzwingen festklemmen.

Tipp

Mit einem Softball kann das Tierkrocket auch im Zimmer oder Flur gespielt werden. Entsprechend vorsichtiger müssen die Schläge ausgeführt werden.

SPIELREGEL

Krocket wird auf einem ebenen Rasen gespielt (Spielfeldgröße 8 x 25 m). Es werden pro Spieler eine Holzkugel und ein langstieliger Holzhammer als Schläger benötigt. Neun Tore werden nach dem Schema oben aufgestellt und zwei angespitzte Rundhölzer (Ø 2 cm, 35 cm lang) als Start- und Wendepfosten in den Rasen gesteckt. Die Spieler versuchen mit möglichst wenig Schlägen vom Startpfosten durch die Tore, zum Wendepfosten und zurück zu kommen. Jeder beginnt mit einem Schlag und treibt, wenn er wieder an der Reihe ist, die Kugel von der Stelle aus weiter, wo sie zuletzt liegen blieb. Wer ein Tor geschafft hat, erhält einen Freischlag (ebenso bei Erreichen der Wendemarke). Wird eine fremde Kugel berührt, darf der letzte Schläger seinen Fuß auf die eigene Kugel stellen und mit einem Schlag auf sie die fremde Kugel wegprellen.

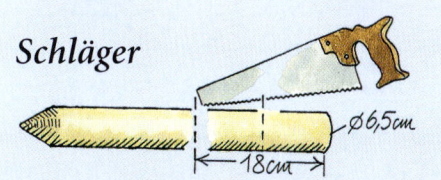

Schläger

1. Ein Stück Rundholz absägen.

Ø 6,5 cm
18 cm

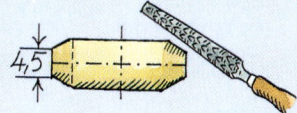

2. Mit Raspel schräg zurichten.

4,5

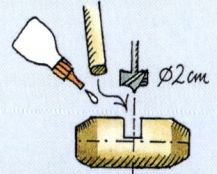

Ø 2 cm

3. Mit Forstnerbohrer (Ø 2 cm) ein Loch bohren und Stiel (1,20 m lang) einleimen.

WERKZEUG

SCHLÄGER
Fuchsschwanz
Raspel
Feile
Forstnerbohrer (Ø 2 cm)

MATERIAL

SCHLÄGER
Rundholz
   (z. B. Zaunpfahl)
   (Ø 6,5 cm; 18 cm lang)
Rundholz (Stiel)
   (Ø 2,3 cm; 1,20 m lang)
Holzleim

Außerdem:
pro Spieler 1 Holzkugel
   (Ø 6 cm)

Figurentheater

Bleistift
Schere
Laubsäge
Spitzbohrer
Hammer
Pinsel

Die Sommerfestspiele im Garten werden in dieser Saison mit dem Stück „Die Zauberfeder" eröffnet:
Wer vom großen Zauberer Abra Kadabra mit der Feder berührt wird, kann 24 Stunden lang fliegen! Robin, der Mann aus dem Schilf, ist dadurch auf einem Atoll gelandet. Das ist der Beginn einer wunderbaren Freundschaft mit dem Inselkönig.

Die Brettfiguren werden an einem Stab geführt und können mit ihren Armen gestikulieren. Durch Schnurzug bewegen sie diese entweder einzeln oder gemeinsam.

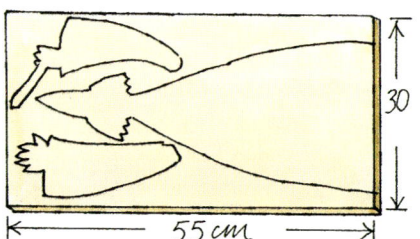

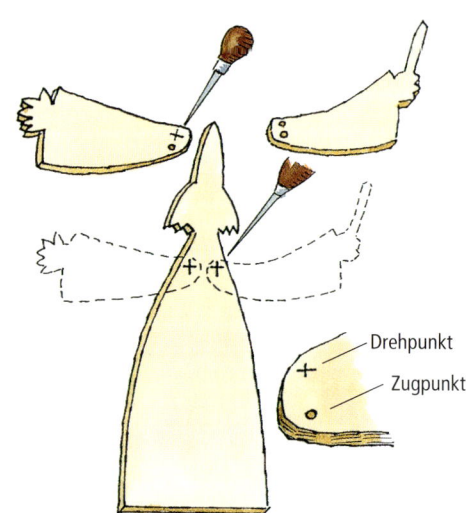

Drehpunkt

Zugpunkt

1 Von Figur und Armen eine Papierschablone anfertigen und die Umrisse auf die Sperrholzplatte übertragen. Figur und Arme aussägen und die Kanten mit Schleifpapier brechen.

2 Die Dreh- und Zugpunkte an Armen und Körper markieren und mit dem Spitzbohrer lochen.

3 Schnüre durch Zuglöcher der Arme fädeln und verknoten. Zwei Nägel von vorne durch die Drehpunktlöcher des Körpers und der Arme schieben. Über einen dritten, größeren Nagel das Nagelende umbiegen, in das Armholz klopfen. Eine Führungsleiste in die Mitte kleben.

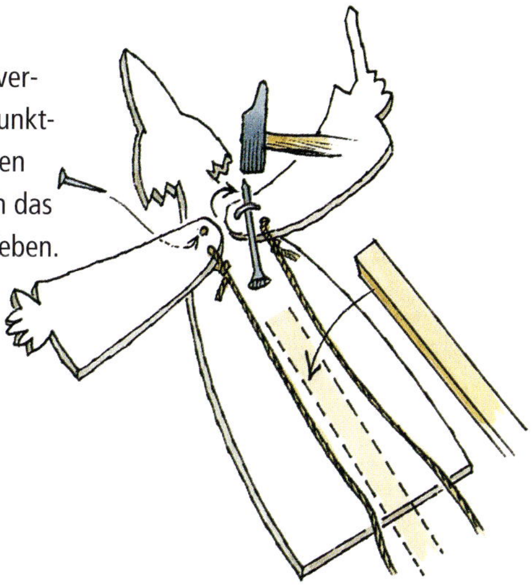

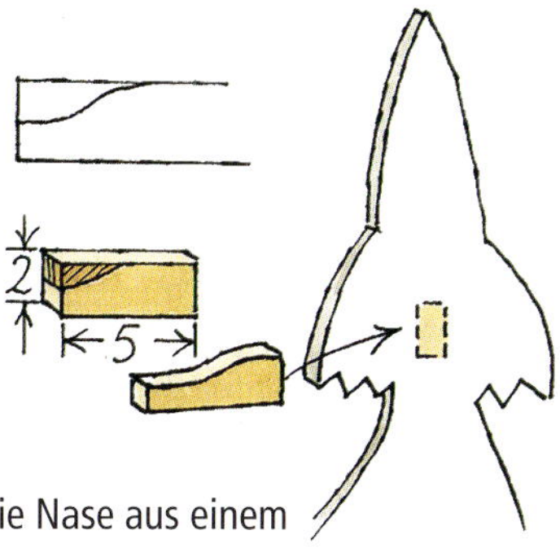

4 Die Nase aus einem Leistenstück sägen und in das Gesicht kleben.

5 Die Figur mit Deckfarben bemalen. Pailletten, Feder und Haare aus Wolle ankleben.

MATERIAL

Papier
Sperrholz (Zauberer)
  (55 x 30 x 0,4 cm)
Sperrholz (König)
  (30 x 21 x 0,4 cm)
Sperrholz (Robin)
  (35 x 21 x 0,4 cm)
Schleifpapier (K 120)
Leiste (40 x 2 x 0,5 cm)
Leiste (Nase)
  (5 x 2 x 0,5 cm)
Schnur
2 Nägel (1,2 x 20)
größerer Nagel
Holzleim
Deckfarben
kardierte Wolle, weiß
  (oder Watte)
Pailletten

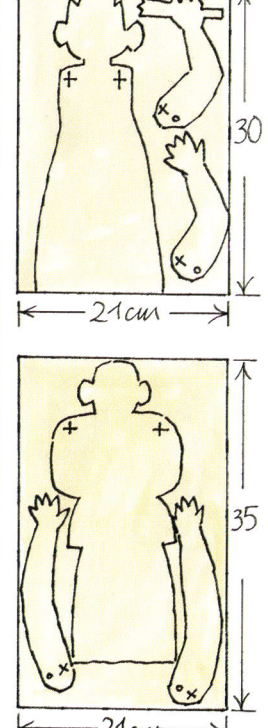

Inselkönig und Robin werden wie der Zauberer angefertigt. Federn, Pelz, Bohnen, Silberdraht und Muschel schmücken die Figuren.

Das Nixenkind mit Ostergras-Haar schwimmt von oben geführt durch das „Wasser" und kann dabei mit seinem Schwanz aus Fliestuch wackeln.

Sehr einfach sind Brettfiguren mit nur aufgemalten Armen herzustellen. Zwar können sie nicht groß gestikulieren, aber die drei Schönen wissen sich auch so mit der Hexe zu verständigen.

Varianten der Spielfiguren werden von oben geführt oder können auf Rollen laufen.

Bewegliches Spielzeug

Kletterkäfer

Laubsäge
Sägeblätter, fein
Sägetisch mit Zwinge
Bleistift, weich
Feinsäge
Bohrer (Ø 3 mm)
feuchter Schwamm
Pinsel

Heute großes Wettklettern! Unter der Kletterpflanze kämpfen die Käfer um den Sieg und die begehrte Trophäe, das „Grüne Blatt". Nach dem Anpfiff schaukeln sie ruckweise nach oben. Die Gummibeine des großen Laufkäfers zittern dabei vor Aufregung – immer will er der Erste sein! Hoffentlich verliert er seine Fühler nicht, denn sie sind dünn und sehr zerbrechlich.

So funktioniert der Klettertrick: Käfer an einen Haken (Nagel, Fenstergriff) hängen. Schnüre an den unteren Perlen fassen, straffen und etwas auseinander spreizen. Abwechselnd ziehen.

1 Käferform mit Fühlern (nicht zu lang und dünn) und ohne Beine auf das Brett zeichnen.

2 Käfer aussägen und Kanten mit Schleifpapier brechen.

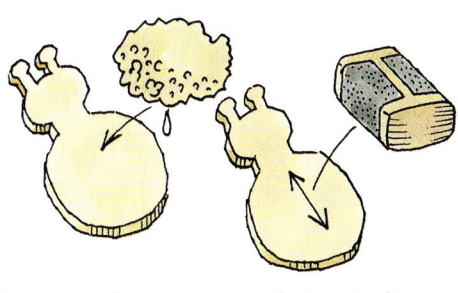

3 Form anfeuchten und nach dem Trocknen überschleifen.

4 Käfer mit weißer Dispersionsfarbe grundieren, nach dem Trocknen mit Ölkreiden strukturieren, mit Wasserfarben übermalen.

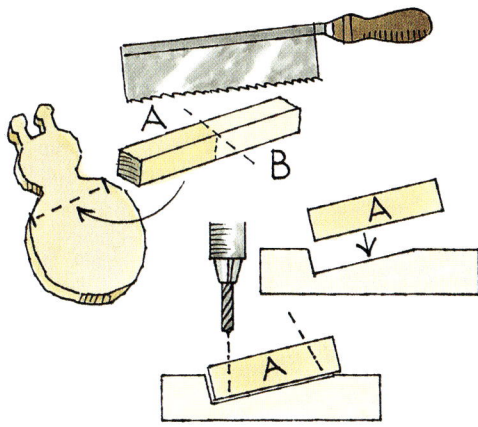

5 Vom Vierkantholz ein Stück in Brustbreite des Käfers sägen (A). Bohrhilfe (siehe Randspalte) in Schraubstock spannen, Leiste auf Bohrhilfe legen und senkrecht zwei Löcher bohren.

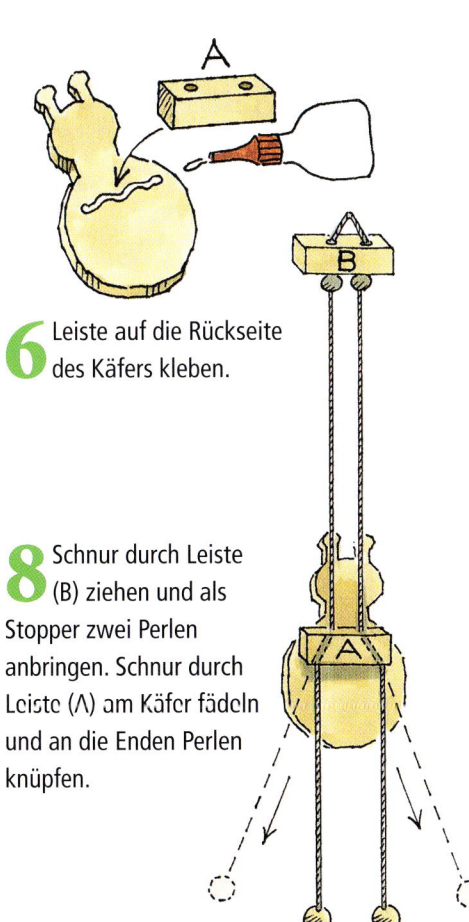

6 Leiste auf die Rückseite des Käfers kleben.

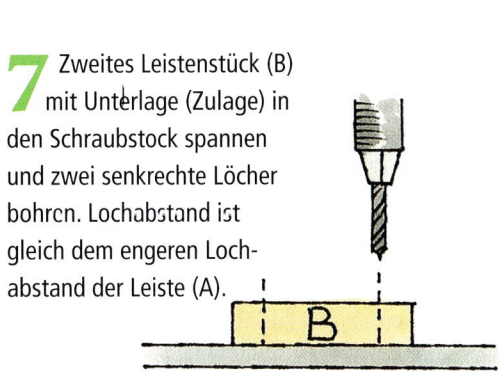

7 Zweites Leistenstück (B) mit Unterlage (Zulage) in den Schraubstock spannen und zwei senkrechte Löcher bohren. Lochabstand ist gleich dem engeren Lochabstand der Leiste (A).

8 Schnur durch Leiste (B) ziehen und als Stopper zwei Perlen anbringen. Schnur durch Leiste (A) am Käfer fädeln und an die Enden Perlen knüpfen.

MATERIAL

Sperrholz (4 mm dick, ca. 15 x 20 cm)
Schleifpapier (K 180)
Dispersionsfarbe, weiß
Ölkreiden
Wasserfarbe
Vierkantleiste (1,5 x 1,5 cm, ca. 15 cm lang)
Holzleim
Schnur, ca. 2 m lang
4 Holzperlen

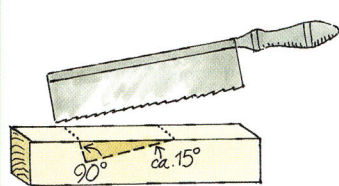

90° ca. 15°

Mit einer „Bohrhilfe", einem Leistenstück mit keilförmiger Aussparung, können die Löcher mit gleicher Schräge gebohrt werden.

Tipp
Ölkreiden sind wasserabstoßend. Wenn sie dünnflüssig mit Wasserfarbe übermalt werden, bleiben sie sichtbar.

Zappelnde Käferbeine können aus dicken Gummiringen oder einem alten Fahrradschlauch geschnitten werden. Mit Doppelklebeband werden sie an der Käferunterseite befestigt.

Fliegende Eule

WERKZEUG

Schere
Laubsäge
Sägeblätter, fein
Bohrer (Ø 3 mm)
Zwinge
Bleistift
feuchter Schwamm

MATERIAL

Papier
1–2 Sperrholzplatten
   (4 mm dick)
Schleifpapier (K 180)
Dispersionsfarben
dünne Schnur
Rundstab (Ø 10 mm,
   ca. 50 cm lang)
Perle

Eulen lieben alte Bäume. In den Höhlungen abgestorbener Äste finden sie tagsüber einen sicheren Schlafplatz. Manchmal kommen sie schon vor der Dämmerung hervor und lassen sich blinzelnd von der untergehenden Sonne das Federkleid wärmen. Auf der Suche nach Futter fliegen sie mit langsamen, lautlosen Schlägen ihrer großen Schwingen durch die Nacht.

Der Vogel aus Sperrholz, mit seinen Flügeln an einer Querstange befestigt, hängt im Gleichgewicht. Durch kurzen Zug an Perle und Schnur schwingt er sachte auf und ab. Je größer die Flügel, umso harmonischer ist die Schwingbewegung.

1 Schablone für Vogelkörper und Flügel (Papier doppelt nehmen!) fertigen und auf Sperrholz übertragen.

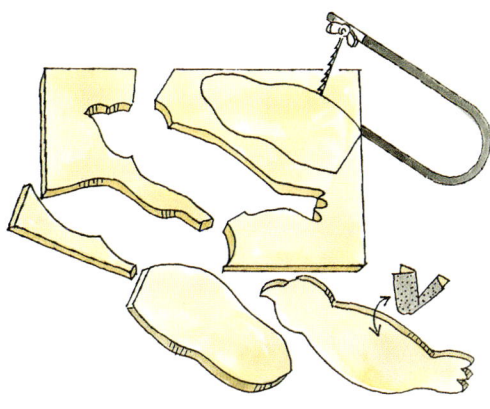

2 Teile aussägen und Kanten mit Schleifpapier brechen.

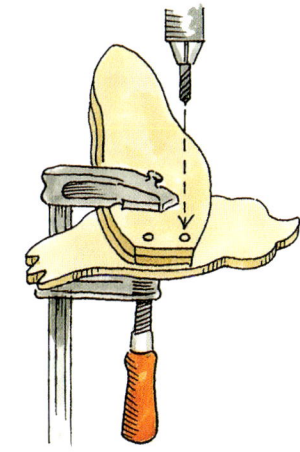

3 Flügel übereinander und bündig an die Kante des Vogelrückens zwingen. Löcher (1 cm Abstand von der Kante) durch alle Teile bohren.

4 Holz anfeuchten und nach dem Trocknen überschleifen. Körper und Flügel mit Dispersionsfarbe bemalen.

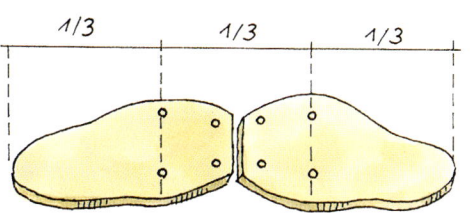

5 Flügel aneinander legen, Gesamtstrecke dritteln und zwei Aufhängelöcher an einem Flügel markieren. Flügel übereinander legen und vier Löcher bohren.

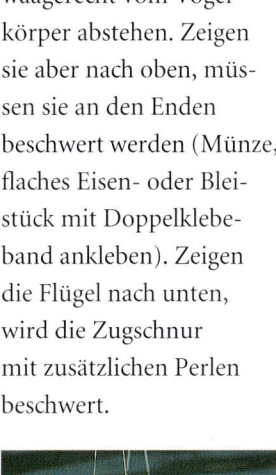

6 Flügel locker an den Körper knoten. Schnüre an den Flügeln und am Rundstab befestigen. Aufhängeschnur an den Rundstab, Zugschnur mit Perle an den Vogelkörper knoten.

Ringer und Turner

WERKZEUG

Puksäge
Rundfeile
Halbrundfeile
Bohrer (Ø 2,5 mm)
Stopfnadel
Schere

MATERIAL

RECK

2 Leisten
  (29 x 2 x 1 cm
  bei Arturo:
  31 x 2 x 1 cm)
Vierkantholz
  6 x 2 x 2 cm
Schnur
Schleifpapier (K 180)
2 Nägel (3 cm lang)

ARTURO

Leiste
  (10 x 3 x 1 cm)
2 Leisten – *Arme*
  (8 x 1,3 x 0,5 cm)
2 Leisten – *Beine*
  (8 x 2 x 1 cm)
Schleifpapier (K 180)
Schnur
Filzstifte
Krepppapier
Klebstoff

ZIPO & ZAMPANO

2 Leisten – *Körper*
  (10,5 x 3 x 1 cm)
2 Leisten – *Arme*
  (11 x 1,5 x 0,5 cm)
4 Leisten – *Beine*
  (8 x 2 x 1 cm)
Schleifpapier (K 180)
Schnur
Filzstifte

Der Zirkus ist da!
Die Manege ist frei für Artisten von Weltformat:
Der starke Zipo, Träger des lila Gürtels, ringt mit
dem gefährlichen Zampano und Arturo zeigt mit
Fräulein Elvira alle Kunststücke am Reck.

Durch das Zusammendrücken der langen Leisten strafft sich die
kreuzweise gespannte Schnur und ermöglicht so Schwung-,
Stemm- und Überschlagsbewegungen der hölzernen Akrobaten.
Für den langen Arturo müssen die Leisten etwas länger sein, als
für die beiden anderen.

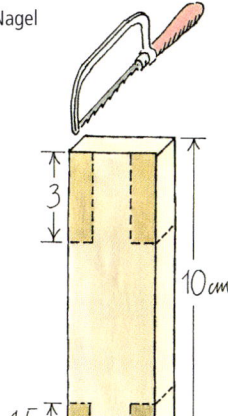

Reck

Die Leisten übereinander legen und 3 mal mittig durchbohren: Das erste Loch ist 1,5 cm von der Endkante entfernt, das zweite Loch ist 1,2 cm vom ersten entfernt und das dritte Loch, auf der gegenüberliegenden Seite, ist 8 cm von der Kante entfernt. Hier wird das Querholz mit zwei Nägeln zwischen den Leisten befestigt.

Nagel

ELVIRA

Leiste
  (9 x 3 x 1 cm)
2 Leisten – *Arme*
  (6,5 x 1,3 x 0,5 cm)
2 Leisten – *Beine*
  (6,5 x 2 x 1 cm)
Schleifpapier (K 180)
Schnur
Filzstifte
Glimmersterne
Feder
Klebstoff

Turner Arturo

1 Aus der Körperleiste mit geraden Schnitten Kopf und Beinausschnitte sägen.

2 Hals, Taille und Kopf mit Feilen formen und Kanten mit Schleifpapier brechen.

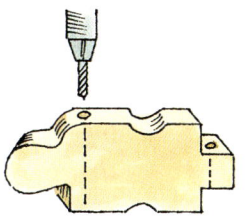

3 Körperform auf der Schmalseite in Schulter- und Schritthöhe durchbohren.

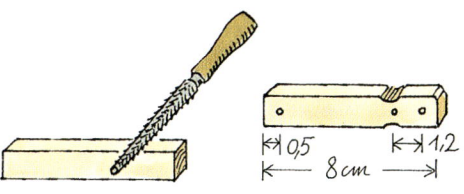

4 Arme sägen und die Hände mit Feilen formen. Armhölzer übereinander legen und einmal in Schulterhöhe (0,5 cm vor Abschluss-kante) und zweimal in Handhöhe, im Abstand von 1,2 cm, durchbohren.

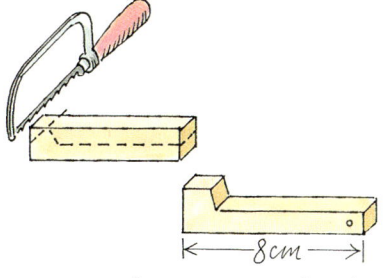

5 Beine mit Füßen aussägen und an den Ober-schenkeln (0,5 cm vor der Abschlusskante) durchbohren.

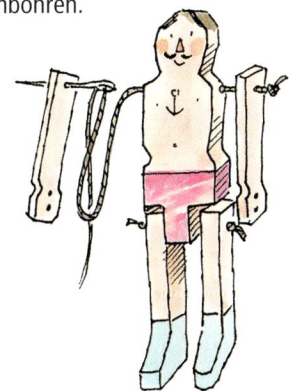

6 Alle Holzteile bemalen, Arme und Beine locker an die Figur knoten.

7 Die Figur zwischen die Leisten knüpfen. Die Schnur dabei zweimal kreuzen und fest spannen; die Leisten dürfen sich leicht zueinander neigen.

Tipp

Mit je einem Zusatz-knoten an den Innenseiten der Handflächen können die Arme auseinander gehalten werden und rutschen beim Schwingen und Schaukeln nicht zu-sammen.

Ringer-Arme

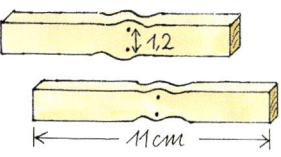

Bimmel-Geiß

WERKZEUG

Bleistift
Laubsäge
Zwickzange
Rundzange
Schraubendreher
Schraubstock
Schlosserhammer
Bohrer (Ø 3; 4; 6 mm)
Zulagen
Pinsel

⌖ = Drehpunkte

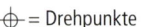

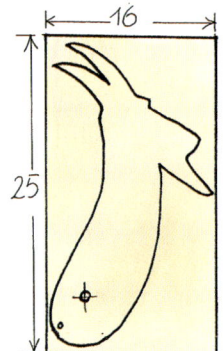

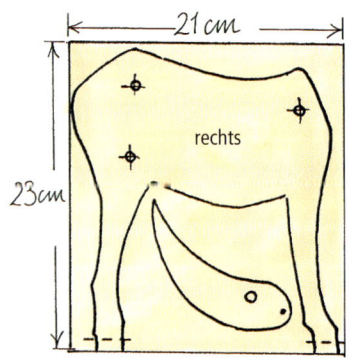

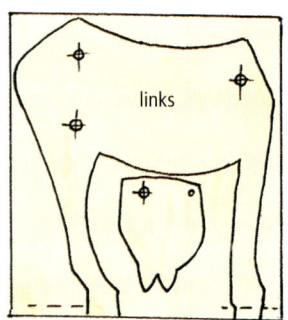

Papierschablonen anfertigen und die Formen auf Sperrholz übertragen.

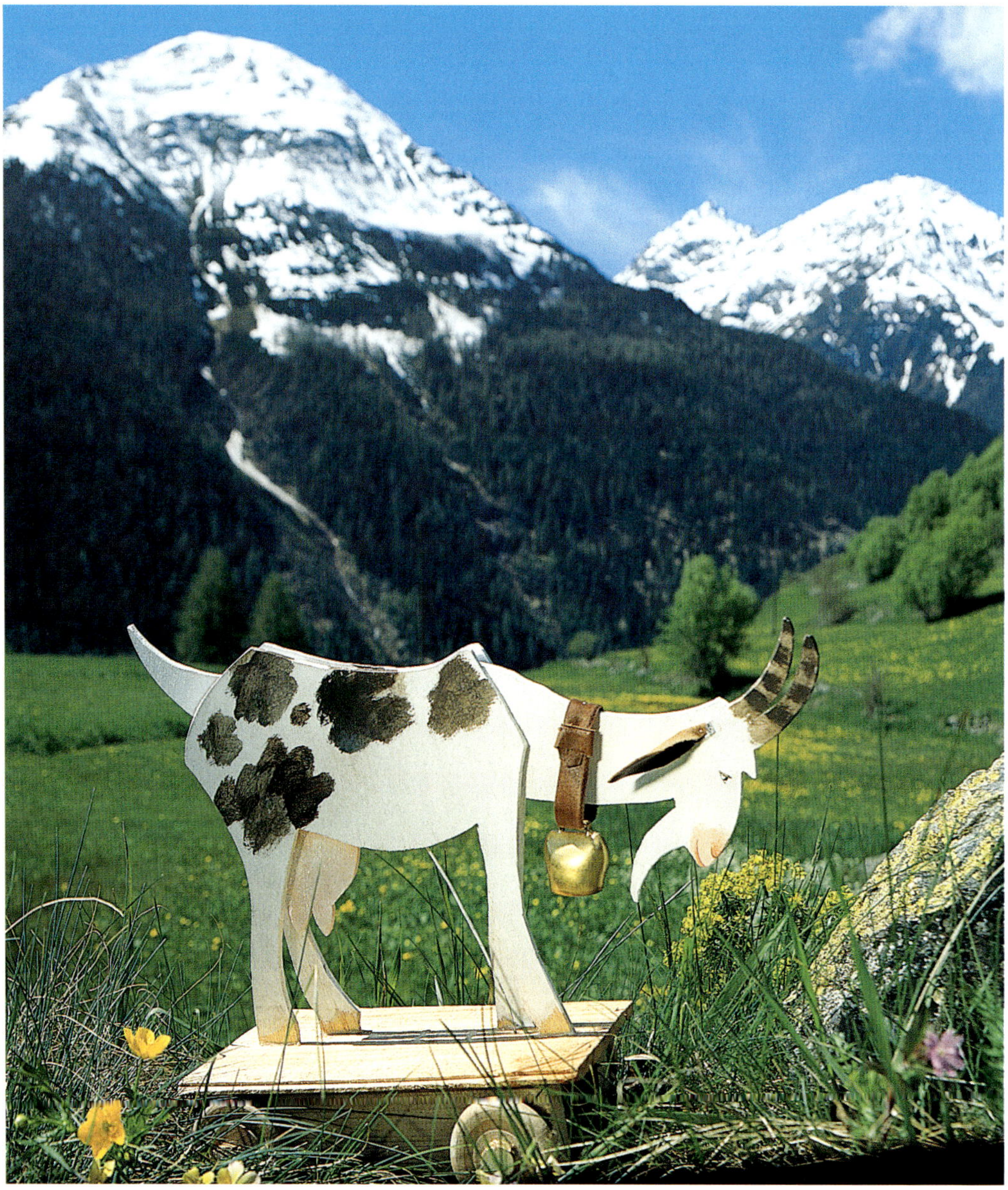

Fröhliches Bimmeln klingt durch Berg und Tal, wenn sich die Ziege nach einem Kräutlein bückt. Sie neigt Hals und Kopf bei jeder Radumdrehung – und Schwanz und Euter wippen mit.

Die Vorderachse des Geißenwagens ist aus dickem Draht und v-förmig gebogen. Bewegt sich die Welle mit dem locker lagernden Zugdraht nach unten, richtet sich der Kopf auf. Geht die Welle nach oben, dann frisst die Geiß.

1 Papierschablonen anfertigen und die Formen auf Sperrholzplatten übertragen. Teile aussägen, Kanten schleifen und an den markierten Stellen Löcher bohren (Drehpunkte in beiden Körperhälften Ø 4,5 mm; Löcher zur Befestigung der Drähte Ø 2 mm).

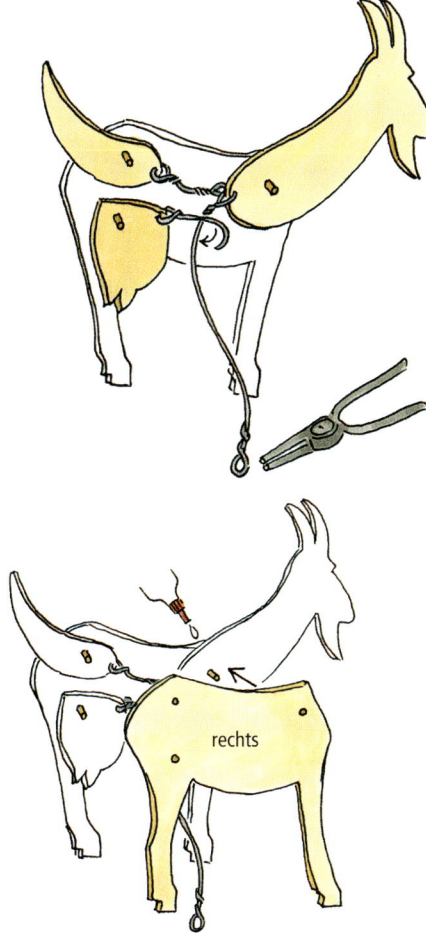

2 In eine Körperhälfte drei Dübel leimen. Den Zugdraht (25 cm lang) mit einer lockeren Öse am Hals befestigen und unten zu einer runden Öse biegen. Mit kurzen, dünnen Drahtstücken Schwanz, Euter und Zugdraht verbinden.

M A T E R I A L

2 Sperrholzplatten
   (23 x 21 cm, 6 mm dick)
Sperrholzplatte
   (25 x 16 cm, 6 mm dick)
Papier (für Schablone)
Schleifpapier (K 180)
3 Dübel (Ø 4 mm, 2 cm)
Draht (Vorderachse),
   Ø 3 mm, ca. 22 cm lang
Draht (Zugdraht),
   Ø 1 mm, ca. 25 cm lang
2 Drahtstücke
   (Verbindungsstücke),
   Ø 0,7 mm,
   ca. 10 cm lang
Brett (24 x 15 x 8 mm)
2 Leisten (21 x 5 x 2,5 cm)
4 Holzräder
   (Ø 6 cm, 1 cm dick)
4 Holzscheiben
   (Ø 1,5 cm, 1 cm dick)
2 Rundhölzer
   (Abstandhalter)
   (Ø 1,5 cm; 2,5 cm lang)
2 Schrauben (3,5 x 30)
Holzleim
Kraftkleber
Dispersionsfarben
Lederreste
Glocke

3 Die zweite Körperhälfte auf die Drehpunktdübel leimen.

rechts

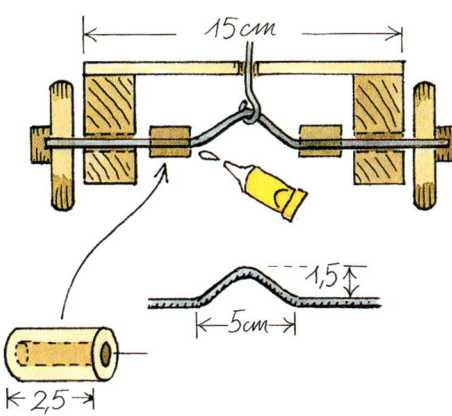

4 Auf dem Wagenbrett den Stand der Hufe und das Loch für den Zugdraht markieren. Innerhalb der Markierung je zwei Löcher bohren (Ø 6 mm) und die Huflöcher ausstemmen. Den Zugdraht durch den Schlitz schieben und die Beine festleimen. An das Wagenbrett eine Leiste kleben. Das Hinterrad locker drehend anschrauben. Die zweite Leiste mit angeschraubten Hinterrad bereitlegen.

5 In den dicken Draht eine Welle biegen, den dünnen Zugdraht auffädeln. Zwei durchbohrte Rundhölzer als Abstandhalter aufstecken, die Enden durch die Leistenlöcher führen und mit Kraftkleber in die Vorderräder kleben. Die zweite Leiste an das Brett kleben. Auf alle vier Räder Radkappenscheiben kleben. Die Ziege mit Dispersionsfarbe bemalen, Lederohren ankleben und Glocke befestigen.

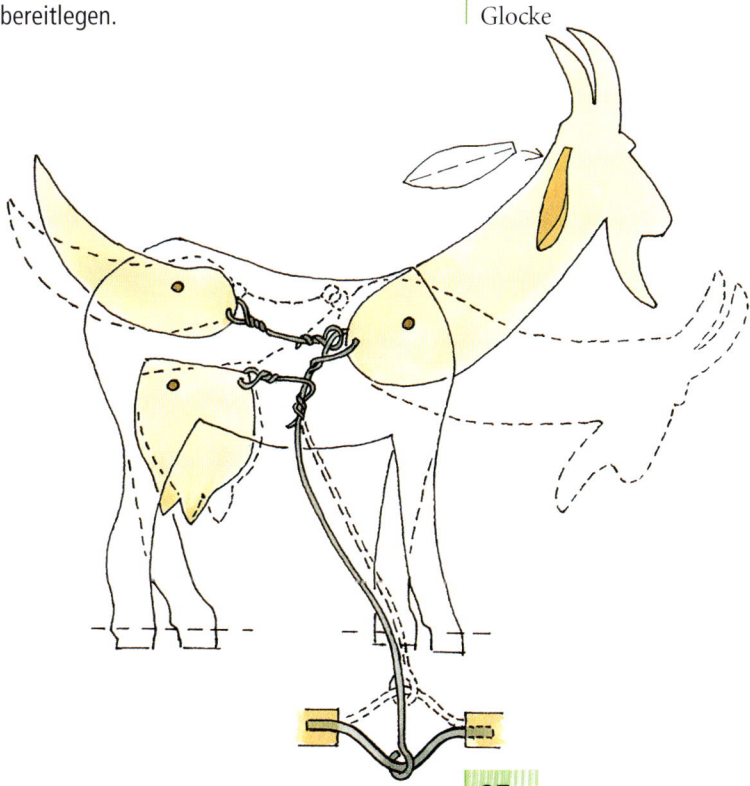

Flitzmaus

WERKZEUG

Bleistift
Lineal
Vorstecher
Spiralbohrer
  (Ø 2; 5 mm)
Forstnerbohrer
  (Ø 14 mm)
Feinsäge
Raspel
Feile
Schleifklotz
feuchter Schwamm
Hammer
Kombizange
Zulagenhölzer
Pinsel

Mäuse im Haus! Großer Schreck!
Eben noch da – schon sind sie weg.
Sie flitzen über den Flur,
sausen unter den Schrank.
Keine mehr da, Gott sei Dank!

Drei Holzperlen auf der Bauchseite machen die Mäuse mobil. In Bohrlöchern versenkt, ragen sie nur 2–3 mm über den Rand. Auf Nagel-Achsen drehend, huschen die Mäuse auf ihnen davon. Ein kleiner Schubs oder ein Ziehen am unsichtbaren Nylonfaden genügt.

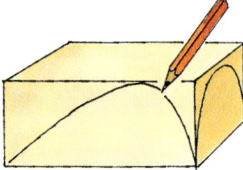

1 Auf das Vierkantholz Seiten und Rückenansicht der Maus zeichnen, auf die Unterseite (!) die Draufsicht.

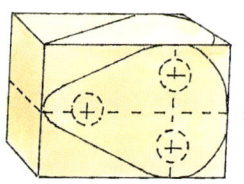
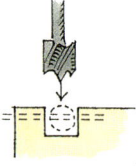

2 Bohrlöcher für die Perlen markieren, Holz einspannen und bohren (Ø etwas größer als Perlendicke, Tiefe entspricht Perlendicke).

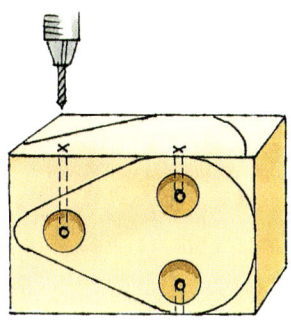

3 Seitenansicht nach oben legen, Holz einspannen und mit dünnem Bohrer (Ø 2 mm) mittig zu den Perlenlagern bohren (Abstand zur Bodenfläche: Perlenradius minus 2–3 mm).

4 Holzunterseite nach oben einspannen und alle Ecken mit geraden Schnitten abtrennen.

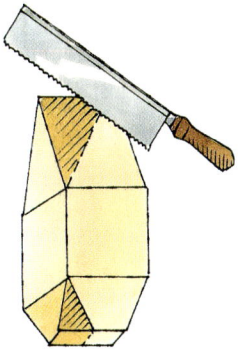

5 Holz hochkantig einspannen und Hinterteil und Schnauze schräg zusägen.

6 Mauskörper mit Raspel runden und mit Feile und Schleifpapier glätten. Holz anfeuchten, nach dem Trocknen nochmals überschleifen.

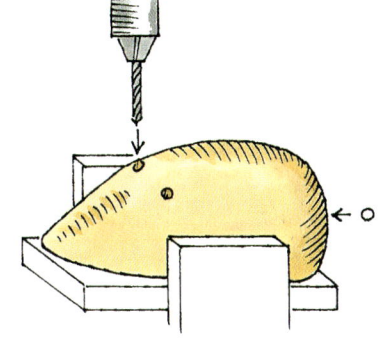

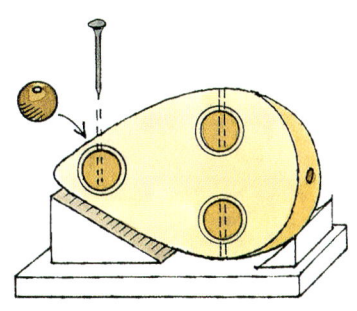

7 Maus zwischen Zulagen einspannen und Löcher für Schwanz und Ohren bohren (Ø 5 mm).

8 Maus seitlich legen, mit Keilen (Restholz) abstützen und einspannen. Mit drei dünnen Nägeln die Perlen (Perlen müssen locker laufen!) in den Bohrlöchern fixieren. Kurz vor dem Aufliegen Nagelköpfe abzwicken und Nagelstifte weiter ins Holz klopfen.

Tipp
Zum unsichtbaren Ziehen der Maus einen kleinen Nagel oder eine Reißzwecke mit angeknüpftem dünnen Nylonfaden auf der Bauchseite befestigen.

9 Maus bemalen, Ohren und Schwanz in ihre Löcher kleben. Holz mit Wachs einreiben und polieren.

Holztransporter

Fuchsschwanz
Puksäge
Zwingen
Bohrer
  (Ø 2; 3; 5; 8; 10; 11 mm)
Hammer

Mit frisch geschlagenen Stämmen beladen geht es über schmale Brücken und enge Kurven hinunter zum Sägewerk.

Der robuste Sattelzug, geeignet zum Spielen im Freien, ist aus ungehobelten Hölzern schnell zusammengebaut. Schlepper und Sattelauflieger sind eine Einheit.

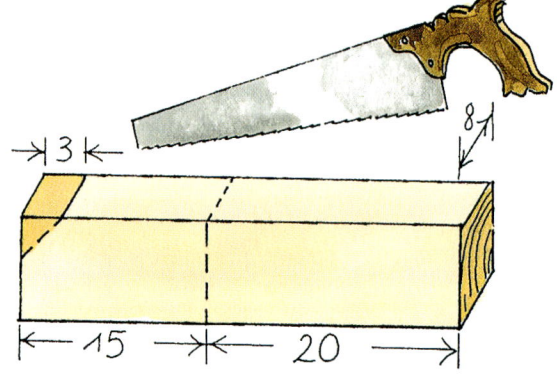

1 Das Vierkantholz in zwei Stücke teilen. Den Motorblock abschrägen. (Das abgesägte Teil dient als Dachschräge.)

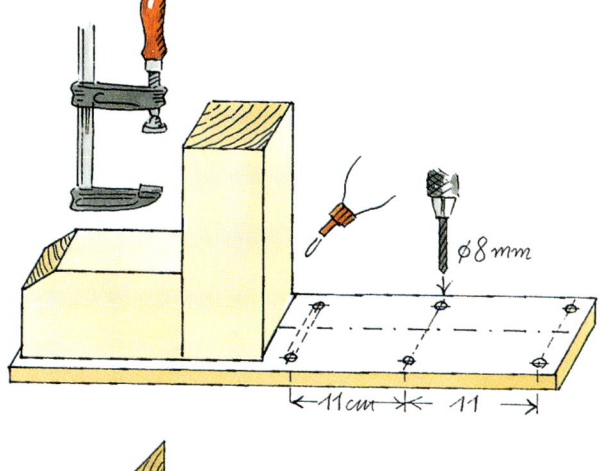

2 In das Auflagebrett sechs Löcher bohren (Ø 8 mm). Motorblock und Führerhaus mittig aufleimen und mit Zwingen pressen.

MATERIAL

Vierkantholz
   (35 x 8 x 8 cm)
Brett (50 x 11 x 1,2 cm)
2 Vierkantleisten
   (Auspuffhalter)
   (12 x 3 x 3 cm)
Vierkantholz
   (Kühleraufsatz)
   (3,5 x 4 x 4 cm)
Kantholz (17 x 7 x 3,5 cm)
Kantholz (14 x 7 x 3,5)
Rundholz
   (Lenkstange)
   (Ø 10 mm, 13 cm)
2 Rundhölzer
   (Auspuff)
   (Ø 10 mm, 12 cm)
2 Rundhölzer
   (Ø 5 mm, 10 cm)
6 Rundhölzer
   (Ø 8 mm, 20 cm)
6 Holzräder
   (Ø 5 cm; 2,5 cm dick)
6 Flachkopfnägel
   (Achsen)
   (2,5 x 50)
2 Holzscheiben
   (Lenkrad)
   (Ø 2,5 und 3 cm)
Beilagscheibe
   (innen Ø 11 cm)
Holzleim

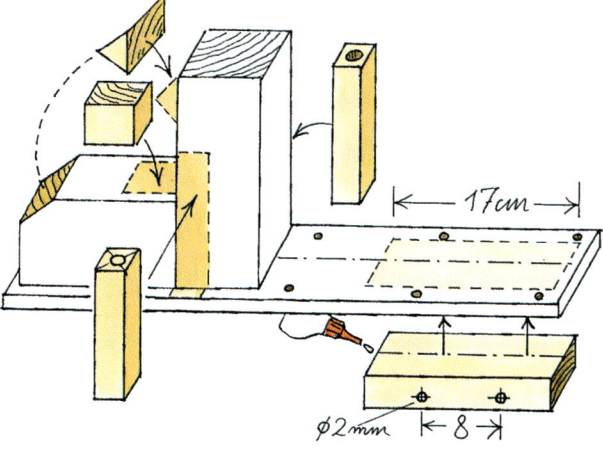

3 Kühleraufsatz, Dachschräge und zwei vorgebohrte Auspuffhalter (Ø 10 mm) ankleben. In das 17 cm lange Kantholz beidseitig Führungslöcher für die Achsen-Nägel vorbohren und das Holz hinten unter das Auflagebrett leimen.

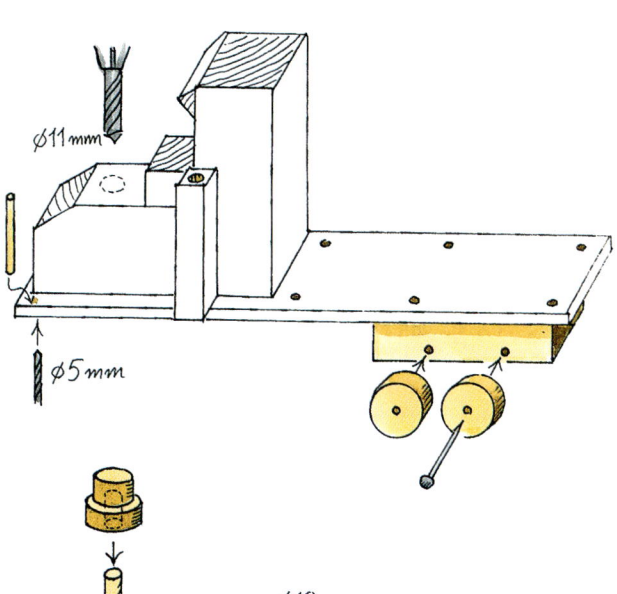

4 Je zwei Räderpaare mit Nägeln (locker drehend!) befestigen. Durch Motorblock und Brett ein Loch für die Lenkstange bohren (Ø 11 mm). Die beiden dünnen Rundhölzer vor den Kühler kleben.

Tipp
Die Räder können mit der „Lochsäge" aus Brettern geschnitten werden. Die Vorrichtung hat auswechselbare Einsätze und wird in die Bohrmaschine gespannt.

5 In das vordere Kantholz mittig ein Loch (Ø 10 mm, 2 cm tief) bohren und die Vorderräder – wie die Hinterräder – annageln. Die Lenkstange oben in einem Lenkknopf aus zwei Holzscheiben befestigen. Dann wird die Lenkstange durch den Motorblock und eine Beilagscheibe geschoben und unten in das Kantholz geleimt. Seitliche Haltestangen in die Löcher auf der Ladefläche leimen.

Seidenraupe und Ringelschlange

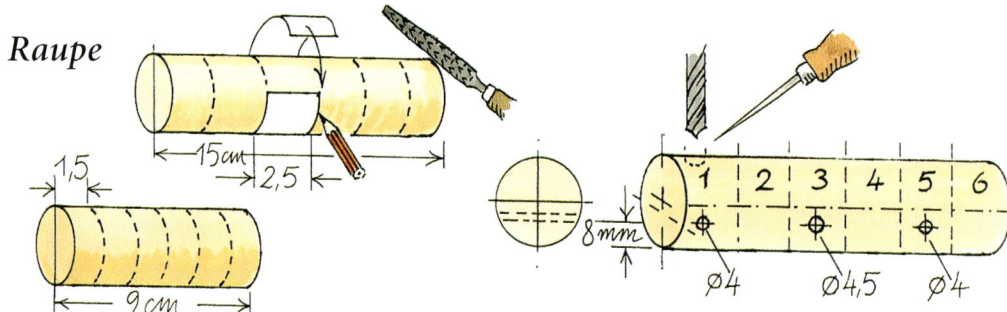

RAUPE
Bleistift
Raspel
Feile
Vorstecher
Holzspiralbohrer
   (Ø 2; 3; 4,5; 6 mm)
Spiralbohrer (Ø 10 mm)
Feinsäge
Hammer
Versenker
Schere
Nadel

Die kleine Raupe ist satt. Nun kann sie nach Raupenart nimmer-müde auf und ab über den Boden krabbeln – wenn sie gezogen wird.

Azentrisch gelagerte Räder in der Mitte des Raupenkörpers ermöglichen diese Bewegung. Die Körperglieder von Seidenraupe und Ringelschlange sind mit einer Schnur locker verbunden.

Raupe

1 Auf den Rundhölzern mit Hilfe von zwei Papierstreifen (1,5 und 2,5 cm breit) die Glieder des Körpers und die Räder markieren. Das Raupenholz hinten abrunden und glätten.

2 Außerhalb der Mitte 3 Achsenlöcher bohren (siehe Tipp S. 94). Zur Befestigung der Perlen oben, mittig, in die Teile 2–5 Löcher vorstechen und mit Spiralbohrer Mulden (Ø 10 mm) bohren.

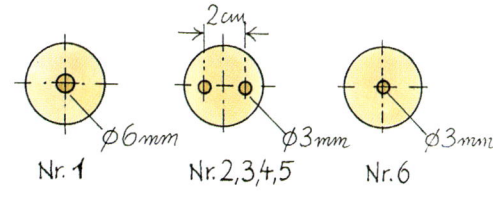

RAUPENKÖRPER

RÄDER

3 Beide Rundhölzer an den Markierungen teilen und die Sägekanten glatt schleifen.

4 Räder und Glieder auf der gesägten Seite, wie eingezeichnet, durchbohren und mit Seidenmalfarben bemalen (siehe Tipp).

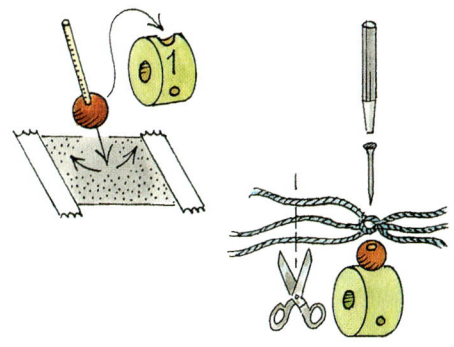

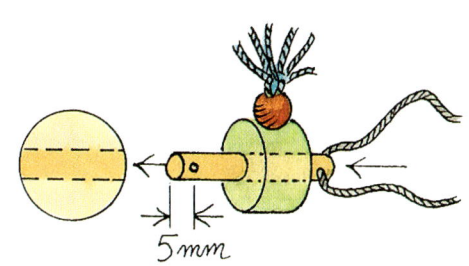

5 Die Perlen mit einem Schaschlikholz halten, an den Klebestellen aufrauen und in die Mulden kleben. Mehrere Perlgarnfäden zusammenknüpfen und mit einem Nagel (durch Knoten und Perle geschoben) in den Gliederscheiben befestigen.

6 Das Rundholz (Ø 6 mm) an beiden Enden durchbohren (Ø 2 mm). Durch ein Ende die Schnur ziehen, das andere Ende durch die Scheibe (1) schieben und in die Kopfkugel leimen (Überstand = Nase). Die Stellen für Perlenaugen und Fühler aufrauen und Nagellöcher vorbohren. Perlen mit Nagel und Leim befestigen.

MATERIAL

RAUPE
Rundholz (Körper)
  (Ø 3,2 cm, 15 cm lang)
Rundholz (Räder)
  (Ø 3,2 cm, 9 cm lang)
8 Holzperlen (Ø 1,2 cm)
2 Holzperlen (Ø 6 mm)
Rundholz
  (Ø 6 mm, 7,5 cm lang)
4 Rundholzscheiben
  (Radkappen)
  (Ø 1,5 cm, 8 mm dick)
3 Rundholzstäbe (Achsen)
  (Ø 4mm, 8 cm lang)
9 Flachkopfnägel
  (1,5 x 20)
Holzkugel (Ø 4 cm)
  mit Loch (Ø 6 mm)
Seidenmalfarben
Perlgarn, bunt
Schnur, dünn, fest
Holzleim
Schleifpapier (K 180)
Papierstreifen

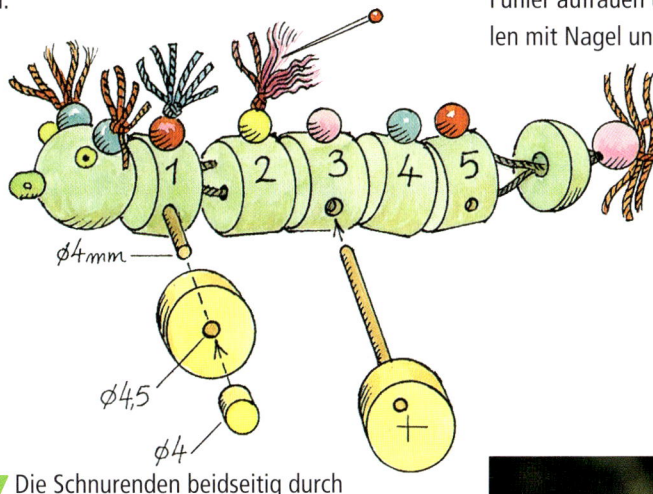

7 Die Schnurenden beidseitig durch (2) bis (5) fädeln, gemeinsam durch (6) und eine Perle. Um Perlgarnfäden festknüpfen. Die Achsen von (1) und (5) festkleben. Die Räder (locker drehend!) aufschieben und mit Rundholzradkappen fixieren. Die mittlere Achse durch (3) schieben (nicht kleben!) und in die azentrischen Löcher der Räder (beidseitig gleicher Radstand!) leimen. Das Perlgarn mit einer Nadel zu weichen Büscheln ausfransen.

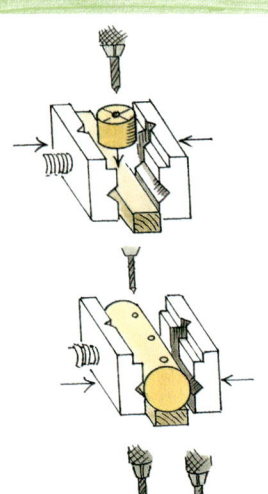

Tipp

Kleine Holzstücke werden zum Bohren vom Maschinenschraubstock gehalten. Rundhölzer werden je nach Bohrrichtung in die senkrechte oder waagerechte V-Nut des Schraubstocks gespannt. Holzkugeln liegen in einer Mulde der Zulage und werden in der senkrechten Nut gehalten.

WERKZEUG

SCHLANGE

Bleistift
Raspel
Feile
Bohrer (Ø 4 mm)
Pinsel (verschiedene)
Nadel

MATERIAL

SCHLANGE

Vierkantleiste
  (35 x 3,5 x 3,5 cm)
Schleifpapier (K 100, 180)
Holzperlen (Ø ca. 1,2 cm)
Leder (Zunge), Schnur
Dispersionsfarben
Klarlack, seidenmatt

Ringelschlange

1 Kopf und Schwanzform auf die Leiste zeichnen. Die Leiste einspannen, mit der Raspel die Kanten abrunden und Kopf und Schwanz formen.

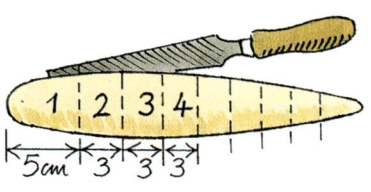

2 Das Holz mit Feile und Schleifpapier glätten und Trennungsabschnitte markieren. Die Teile nummerieren.

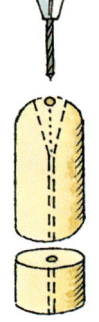

3 Die Glieder mit der Feinsäge trennen und die Sägekanten mit Schleifpapier glätten.

4 Mit schrägen Schnitten aus dem Kopfstück ein Maul aussägen und mittig ein Loch bohren (Ø 4 mm). Auch alle übrigen Teile in der Mitte durchbohren.

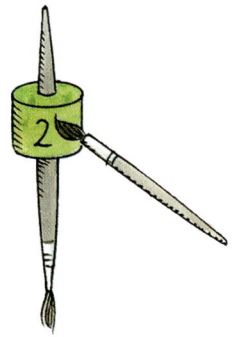

5 Alle Teile mit weißer Dispersionsfarbe grundieren, nach dem Trocknen farbig bemalen und anschließend lackieren.

6 Mit Schnur oder Kleber eine Zunge im Maul befestigen. Abwechselnd Schlangenglieder und Perlen auf die Schnur fädeln, am Ende mit dreifachem Knoten sichern.

Praktisches und Dekoratives

Blauer Pfau

*Seit dem Altertum begeisterte die Schönheit des Pfaus Kaiser,
Könige und Fürsten.
Sie hielten sich die prächtigen Hühnervögel zur Zierde in ihren
Parks, wo diese sich nachts, hoch in den Bäumen, ihrem Schön-
heitsschlaf hingaben.*

Unser Pfau ruht auf einer Stange. Wenn eine Brise aufkommt, dreht sich sein Körper wie eine Fahne im Wind und seine Schwanzfedern schlagen ein Rad.

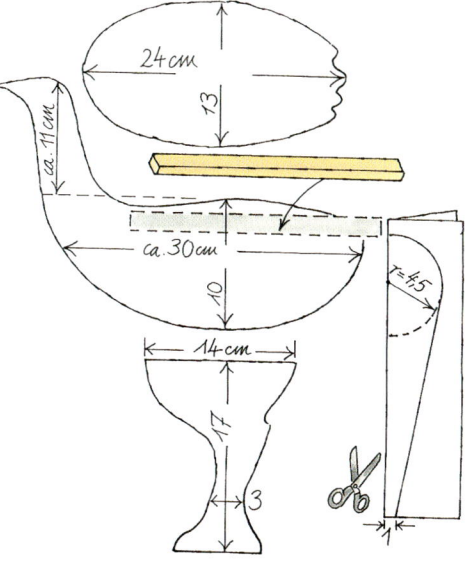

Sperrholz 4 mm

25 cm
D
40 cm

Sperrholz 10 mm

40 cm
C   C
A   B
B
60 cm

MATERIAL

Papier
Sperrholzplatte
   (wasserfest verleimt)
   (40 x 25 x 0,4 cm)
Sperrholzplatte
   (wasserfest verleimt)
   (60 x 40 x 1 cm)
Tischlerplatten-Stück
   (wasserfest verleimt)
   (7 x 7 x 1,9 cm)
2 Leisten
   (24 x 3 x 1 cm)
Leiste
   (ca. 10 x 3 x 1 cm)
6 Leistenstücke
   (5 x 2 x 1 cm)
Holzleim
Schleifpapier
Messinghülse
   (außen Ø 8 mm,
   19 mm lang)
Messinghülse
   (außen Ø 8 mm,
   6 cm lang)
Glasperle (Ø 7 mm)
Rundkopfschraube,
   Messing (3,5 x 50 mm)
2 Beilagscheiben,
   Messing (innen Ø 4 mm)
6 Dübelhölzer
   (Ø 6 mm; 3,5 cm lang)
3–5 kleine Holzperlen
3–5 dünne Rundhölzer
   (Schaschlikhölzer)
Dispersionsfarben
Acrylfarbe (metallic),
   hellblau, hellgrün
Klarlack, seidenmatt
Nagel (3,5 x 100 mm)

1 Von Vogelkörper, Flügel und Bein eine Papierschablone anfertigen. Dabei eine Leiste (24 x 3 x 1 cm) waagerecht auf den Körper legen und rückwärts etwas überständig anzeichnen. Auf einen gefalteten Papierstreifen eine halbe Schwanzfeder zeichnen und ausschneiden.

2 Schablonen auf Sperrholz verteilen und mit Bleistift umfahren: 1x Körper (A), 2x Flügel (B), 2x Beine (C), 6x Federn (D). Die Teile anschließend mit der Laubsäge aussägen.

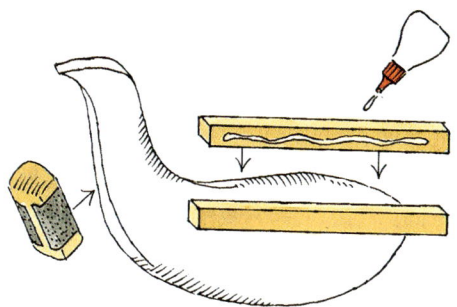

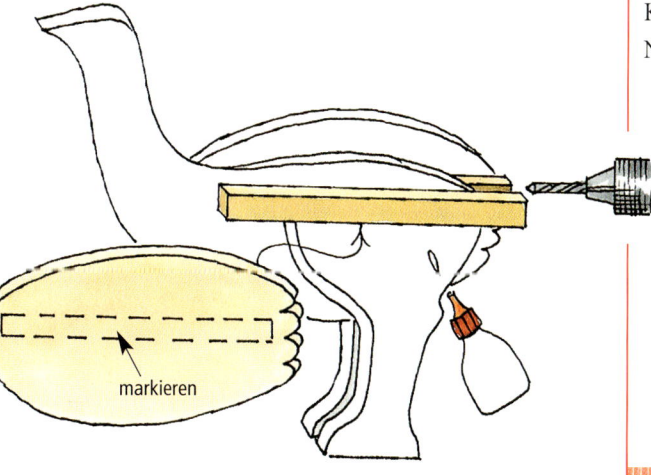

3 Mit Schleifpapier die Kanten entgraten (nicht die Oberkante der Beine!) und Leisten (24 x 3 x 1 cm) beidseitig des Körpers anleimen.

4 Beine anleimen. Zwischen die Beine ein Leistenstück (10 x 3 x 1 cm) bündig mit den Füßen kleben.

5 Flügel auf Leisten (vorne Überstand!) und Beine leimen. Hinten zwischen beiden Leistenenden mittig in das Sperrholz ein Führungsloch für die Schraube des Federnrades bohren (Ø 3,5 mm).

markieren

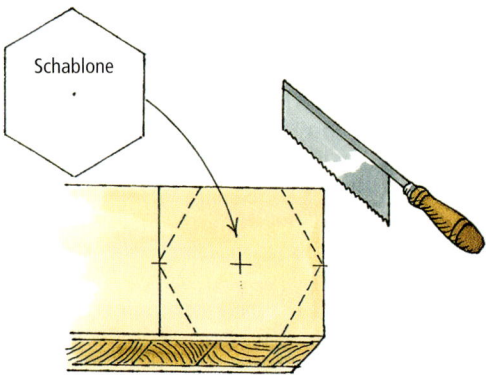

KONSTRUKTION EINES SECHSECKS

Kreismitte mit Linienkreuz markieren und Radiusmaß antragen. Am Zirkel Radiusmaß einstellen und Kreis zeichnen. Mit gleicher Zirkelstellung Kreisbögen um Schnittpunkt A und B schlagen. Sie ergeben die weiteren vier Eckpunkte.

1

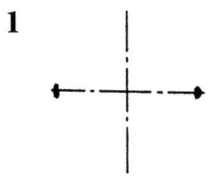

2

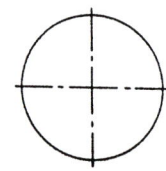

3

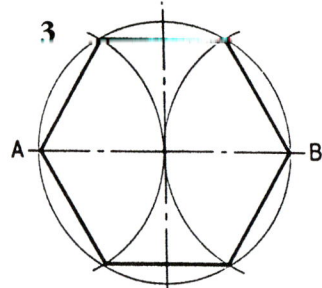

6 Für die Nabe des Rades ein Sechseck (r = 3,5 cm) mittels Papierschablone auf ein Stück Tischlerplatte übertragen. Plattenstück festzwingen und Überstände des Sechsecks absägen. In die Mitte ein Loch (Ø 8 mm) bohren.

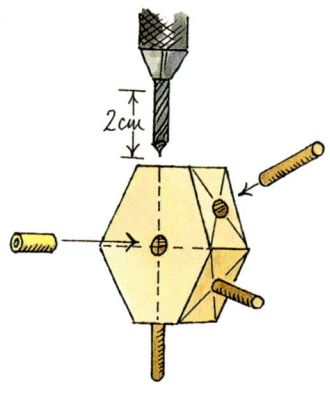

7 In das Mittelloch der Nabe eine Messinghülse (19 mm lang, Außenmaß Ø 8 mm) stecken. Den Mittelpunkt der Seitenflächen markieren und je ein Loch (Ø 6 mm) radial 2 cm tief bohren. Sechs Dübelhölzer einleimen.

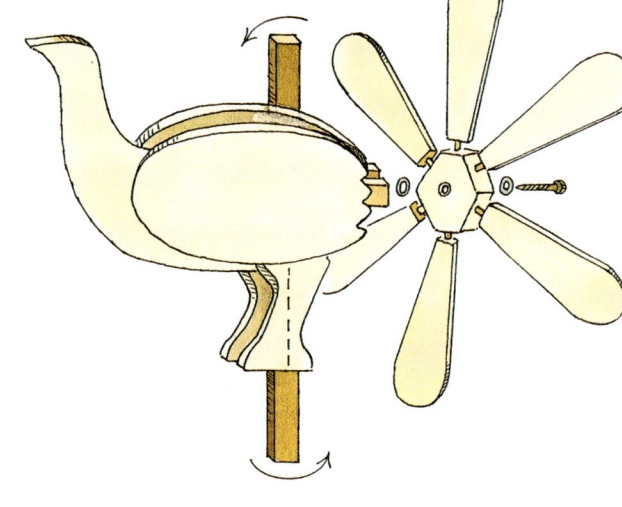

8 Sechs Leistenstücke (5 x 2 x 1 cm) mittig 1,5 cm tief bohren (Ø 6 mm). Eine gegenüberliegende Brettseite abflachen und die Holzstücke bündig auf die Sperrholzfedern leimen.

9 So wird die Lage der Drehachse ermittelt: Federn auf Nabendübel stecken (nicht kleben!) und das Rad mit Beilagscheiben an den Vogelkörper schrauben. Den Vogel flach auf eine Leiste legen und so lange verschieben, bis er ohne zu kippen auf ihr liegen bleibt. Das Rad steht dabei im rechten Winkel zur Leiste. Den Drehpunkt am Vogelfuß markieren.

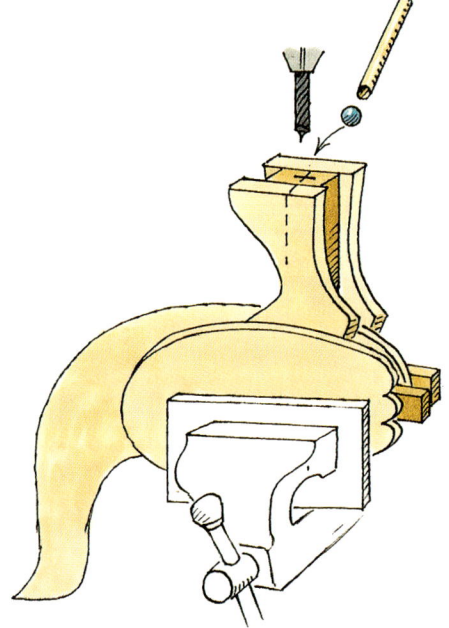

10 Das Rad wieder abschrauben, den Vogel wenden, einspannen und in das Holzstück zwischen den Beinen, am markierten Punkt ein 7 cm tiefes Loch bohren (Ø 6 mm). Erst die Glasperle, dann die Messinghülse 6 cm lang in das Loch schieben.

11 Für die Kronenfedern Holzperlen auf 4–5 cm lange Rundhölzer kleben. Den Vogelkopf zwischen Zulagenbrettchen zwingen und drei bis fünf Löcher fächerförmig vorstechen. Die Löcher mit einem dünnen Bohrer (in Rundholzstärke) etwa 5 mm tief bohren.

12 Den Körper, die Nabe und die einzelnen Federn dünn mit weißer Dispersionsfarbe grundieren. Nach dem Trocknen mit Dispersionsfarben bemalen. Glanzpunkte, z. B. auf den Pfauenaugen, Kronenperlen und Brustfedern, mit Acrylfarbe (metallic) setzen. Alle Teile lackieren.

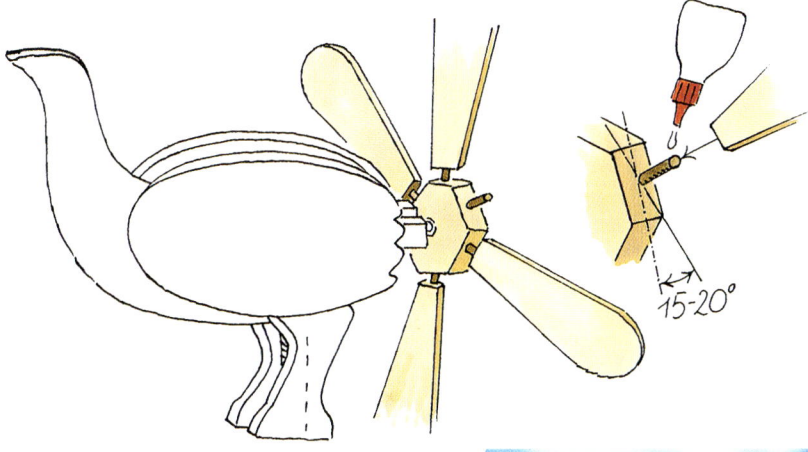

13 Nabe an den Vogel schrauben (nicht zu fest – noch locker drehbar!), Federn gleichmäßig leicht schräg auf die Dübel der Nabe leimen.

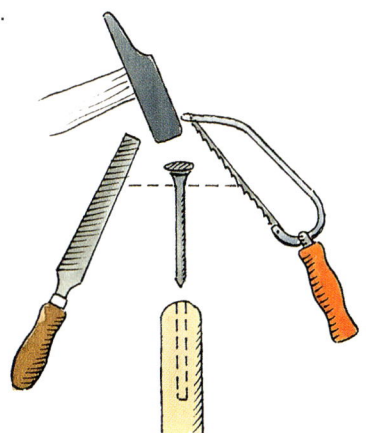

14 In einen Besenstiel ein Führungsloch vorbohren. Nagel mit ca. 7 cm Überstand einschlagen. Nagelkopf absägen und Kante rund feilen. Das Windrad auf den Nagelstift setzen.

Ablage mit Schlüsselbrett

WERKZEUG

Stichsäge
Raspel
Feile
Bleistift
Lineal
Winkel
Schere
Bohrer (Ø 6 mm)
Lochmarkierspitzen
  (Ø 6 mm)
Forstnerbohrer (Ø 23 mm)
Spitzbohrer

MATERIAL

Papier (Schablone)
Leimholzbrett (Büste)
  (35 x 25 x 1,8 cm)
2 Bretter (Arme)
  (15 x 10 x 1,8 cm)
Brett (Ablage)
  (25 x 10 x 1,8 cm)
Rundholz (Nase)
  (Ø 23 mm, 10 cm lang)
6 Dübel (Ø 6 mm)
3 Schraubhaken
Holzleim
farbige Lacke
Schleifpapier (K 120)
buschiger Pinsel

Diese Männer sind sehr hilfsbereit: Dem Förster kann man Handschuhe und Schlüssel zur Aufbewahrung anvertrauen, ein Sheriff bewacht die Garderobe und der Heimwerker sorgt für Ordnung bei den Werkzeugen.

Tipp

Vorgebohrte Löcher vereinfachen Richtungsänderungen mit dem Sägeblatt. Dies gilt für die Bügelsäge ebenso, wie für die Stich- und Laubsäge. Die Löcher liegen außerhalb, aber eng an der Zeichenlinie. Der Bohrdurchmesser (Ø) richtet sich nach der Breite des Sägeblatts.

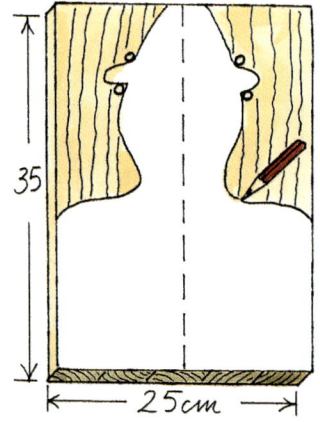

Die Ablagen sind unterschiedlich groß, sie werden aber alle nach demselben Prinzip gebaut. Die Hölzer werden durch verdecktes Dübeln miteinander verbunden.

Förster

1 Auf eine brettgroße Papierschablone eine Büste zeichnen und ausschneiden. Schablonenform übertragen und mit Stichsäge ausschneiden (siehe Tipp).

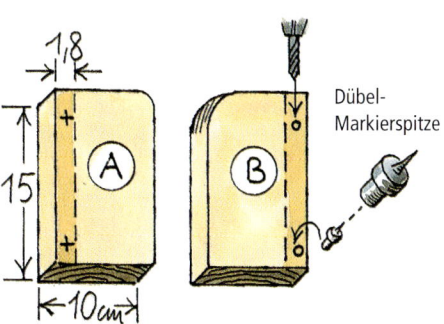

2 Die Kanten von Kopf bis Schulter mit Raspel und Feile gleichmäßig abrunden und mit Schleifpapier glätten.

3 Oberarmbretter an einer Ecke mit der Säge abrunden und Dübellöcher markieren. Löcher bohren (Ø 6 mm) und Markierspitzen einsetzen.

Die Büstenbretter von Sheriff und Heimwerker haben die Maße 50 x 40 x 1,8 cm. Die Ablagebretter sind 40 x 20 x 1,8 cm groß; sie werden seitlich an geraden (Heimwerker) oder abgewinkelten (Sheriff) Armhölzern befestigt.

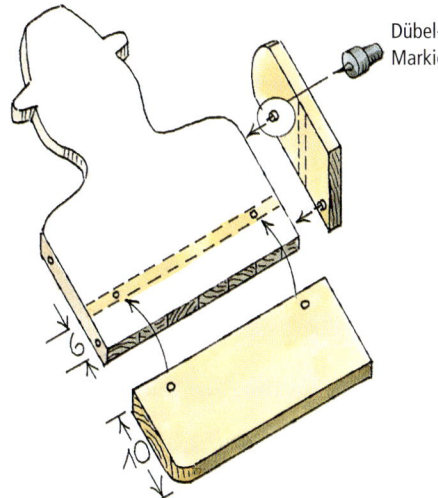

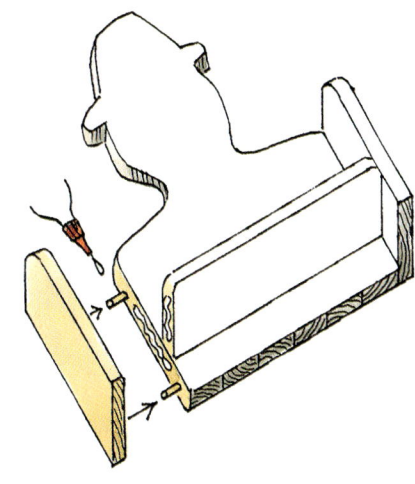

4 Oberarme unten bündig an das Büstenbrett drücken, seitlich Dübellöcher markieren, dann bohren. Das Ablagebrett ebenso bohren, mit Dübelspitzen die Löcher im Büstenbrett markieren, dann bohren.

5 Ablagebrett und Armbretter an das Büstenbrett nageln und dübeln.

SHERIFF

HEIMWERKER

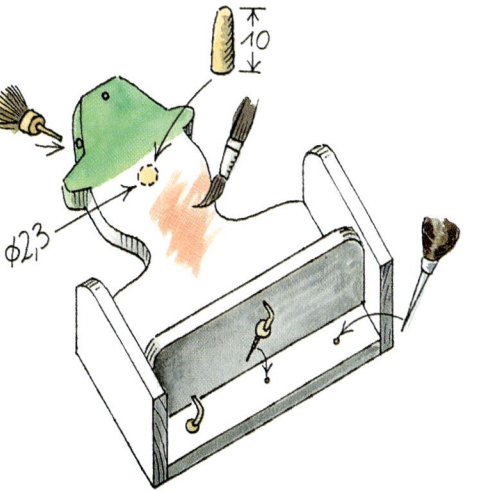

6 Mit Forstnerbohrer (Ø 23 mm) ein Loch für die Nase bohren. Ein Stück Rundholz als Nase an einer Seite abrunden, die andere Seite ins Loch kleben. Schraubhaken eindrehen, einen Pinsel als „Gamsbart" kürzen und in ein Bohrloch am Hut einkleben. Die Ablage bemalen und ein Loch zum Aufhängen bohren.

Salzfass

WERKZEUG

Feinsäge
Laubsäge
Sägeblätter (mittel)
Bleistift
Schere
Stahlmaßstab
Anschlagwinkel
Bohrer (Ø 3; 6 mm)
Schleifklotz mit
   Schleifpapier (K 180)
Hammer
Zwinge mit Zulagenhölzer
Leimzwinge
Halbrundfeile
Vorstecher
Lackwanne mit Lackroller
Pinsel

HOLZAUFTEILUNG

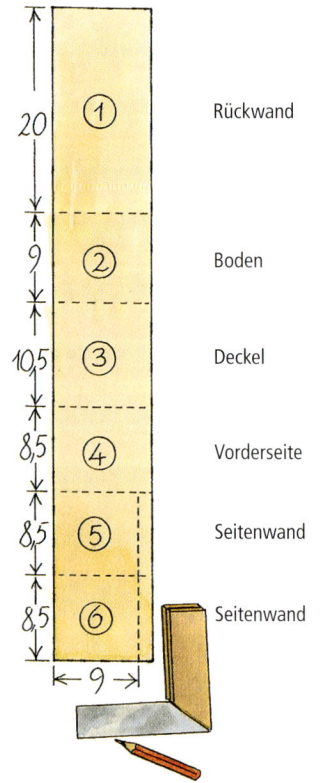

20	①	Rückwand
9	②	Boden
10,5	③	Deckel
8,5	④	Vorderseite
8,5	⑤	Seitenwand
8,5	⑥	Seitenwand

9

*Salz, Mehl, Zucker –
was beim Kochen schnell verfügbar sein muss, ist in diesem Behältnis
gut verwahrt.*

Der locker lagernde, leicht vorspringende Deckel lässt sich leicht nach oben klappen und ebenso schnell wieder schließen – antippen genügt! Das Holzfass kann an die Wand gehängt, ins Regal gestellt oder an einen beliebigen Ort getragen werden. Seine Rückwand wird dann zum Tragegriff. Damit die Wände gut zusammenpassen und keine Spalten oder Öffnungen entstehen, muss exakt gemessen und gerade gesägt werden.

1 Sperrholzstreifen mit Hilfe von Maßstab und Winkel unterteilen (siehe linke Randspalte).

2 Mit einer Zwinge (mit Zulage) am Tisch befestigen und mit Feinsäge absägen.

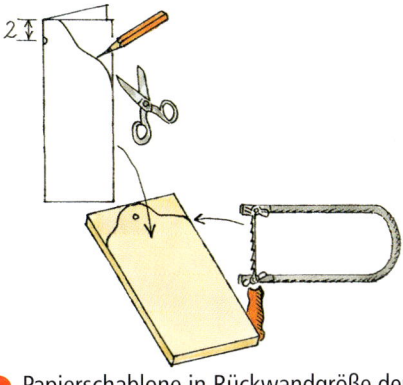

3 Papierschablone in Rückwandgröße der Länge nach falten, halbe Umrissform zeichnen und ausschneiden. Schablone auffalten und Form auf das Sperrholz übertragen. Aufhängeloch mit Vorstecher markieren und mit Bohrer (Ø 6 mm) durchbohren. Rückwand mit der Laubsäge aussägen.

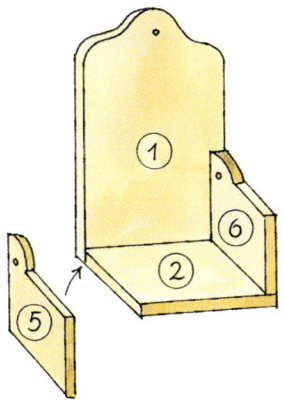

5 Das Bodenbrett an die Rückwand leimen und die Seitenbretter auf Boden und an Rückwand kleben. Mit Drahtstiften fixieren.

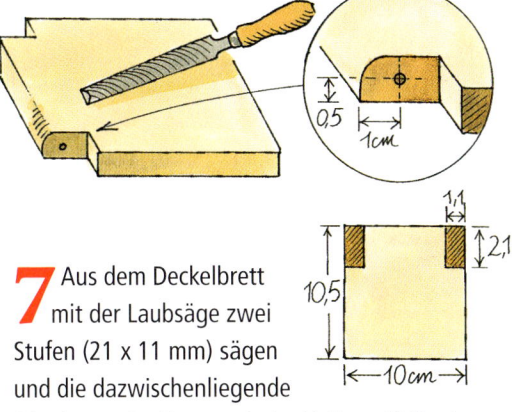

7 Aus dem Deckelbrett mit der Laubsäge zwei Stufen (21 x 11 mm) sägen und die dazwischenliegende Oberkante des Bretts mit der Halbrundfeile abrunden. Rechts und links in die Stufen mittig mit dem Vorstecher zwei Löcher bohren.

9 Deckel am Behälter mit zwei Drahtstiften fixieren. In Schraubgläsern passende Farbtöne anmischen. Mit schlankem Borstenpinsel das Salzfass mustern.

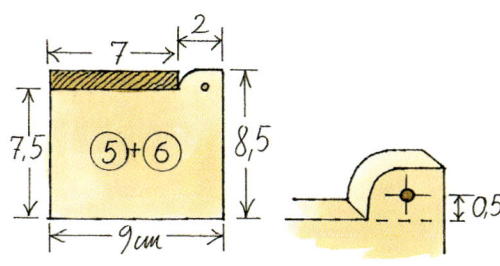

4 Beide Seitenwände mit der Laubsäge um 1 cm kürzen, sodass eine Stufe (2 x 1 cm) mit leicht abgerundeten Vorderkanten entsteht. Die beiden Seitenwände aufeinander legen und gleichzeitig in die Stufen mittig Löcher (Ø 3 mm) bohren.

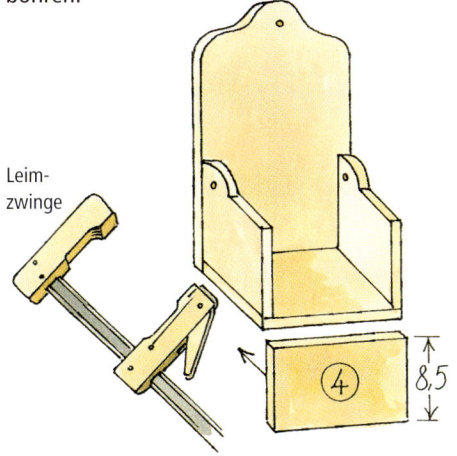

Leim-zwinge

6 Die Vorderseite ankleben und mit Zwingen anpressen, bis der Leim getrocknet ist. Mit Schleifpapier alle scharfen Kanten brechen.

8 Behälter und Deckel mit Lack grundieren. Nach dem Trocknen ein zweites Mal lackieren.

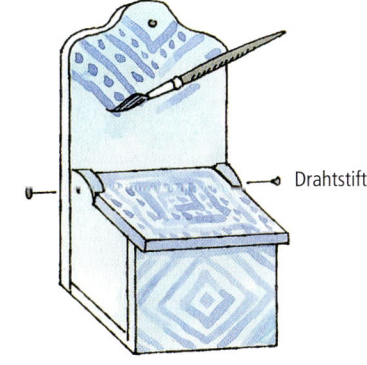

Drahtstift

Tipp

Unebenheiten beim Laubsägeschnitt der Seitenwände können ausgeglichen werden: Beide Seitenwände mit Zulage bündig einspannen und mit der Halbrundfeile (flache Seite) schräg überfeilen.

Bei Nagelverbindungen sollte der Durchmesser des Nagels höchstens ¹⁄₁₀ der Holzstärke betragen. Die Strecke bis zur Holzkante sollte fünf Nagelstärken messen.

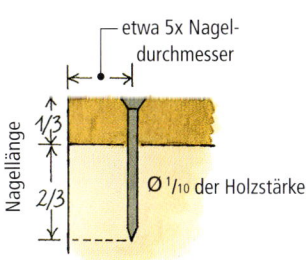

etwa 5x Nagel-durchmesser

Nagellänge   1/3   2/3   Ø 1/10 der Holzstärke

Nähvogel

*In tropischen Breiten leben die Webervögel.
Mit ihren Schnäbeln weben und flechten sie aus Halmen und
Gräsern kunstvolle Nisthöhlen, die hoch in den Zweigen der
Bäume hängen.*

Unser Nähvogel kann nicht nähen – doch er hilft dabei! Ist eine Naht geplatzt oder muss ein Knopf angenäht werden, kommt er angeflogen, mit einem Käppchen voll Nadeln und einem Sortiment bunter Garne.

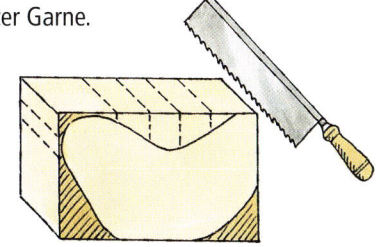

1 Seitenansicht des Vogels und Draufsicht auf das Vierkantholz zeichnen.

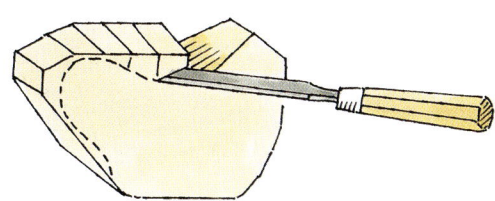

2 Holz einspannen und mit geraden Schnitten Umrissform zusägen. Von der Oberkante bis zur Rückenlinie mehrmals einsägen.

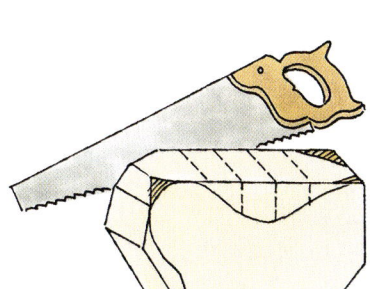

3 Kopf und Schwanzende mit dem Fuchsschwanz zuspitzen.

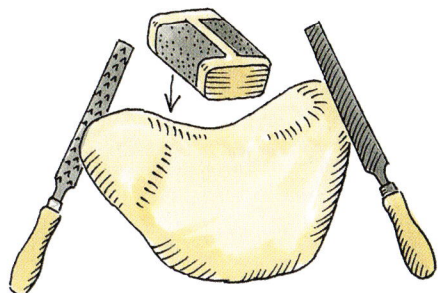

4 Rückenform mit Hilfe des Stemmeisens ausstemmen.

5 Mit der Raspel den Vogelkörper runden und modellieren, mit Feile und Schleifpapier glätten. Holz anfeuchten und nach dem Trocknen überschleifen.

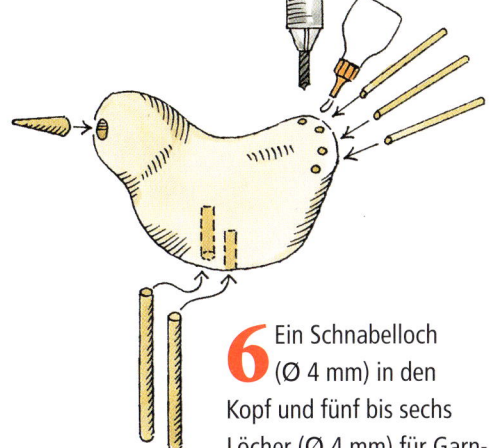

6 Ein Schnabelloch (Ø 4 mm) in den Kopf und fünf bis sechs Löcher (Ø 4 mm) für Garnhalter in das Schwanzende bohren. In den Bauch 2 Löcher (Ø 6 mm) für die Beine bohren. Kurzen, angespitzten Schnabel (Ø 4 mm) und Garnhalter-Rundhölzer (Ø 4 mm, je 6–7 cm lang) sowie Beinhölzer (Ø 6 mm, ca. 8 cm lang) einleimen.

7 Den Vogel mit Dispersionsfarben bemalen und mit Transparentlack (seidenmatt) versiegeln.

8 Die Vogelbeine in eine Scheibe Astholz dübeln (Ø 6 mm). Auf den Vogelkopf eine halbierte Filzkugel oder eine dicke Filzscheibe kleben.

Pension Pieps

*Hier gibt es eine Übernachtungsmöglichkeit mit erstklassigem Früh-
stück. Auch auf Dauergäste ist man eingerichtet, auf solche, die jedes
Jahr gern wiederkommen – falls sie durch das Schlupfloch passen!*

Bemalt oder naturbelassen, das Bauholz ist ungehobelt und alle Vogelhäuser verfügen über eine
wettergeschützte Futterterrasse, nebst Schlupfloch (für Meisen Ø 3 cm; für Stare Ø 5 cm). Wenn
sich die Gäste in den Süden verabschiedet haben,
kann die Nisthöhle durch eine rückseitige Tür
gesäubert werden. Zum Vogelhaus gehört ein
Grundbrett aus Latten, mit dem es aufgehängt,
auf einen Pfahl gesetzt oder zwischen Astgabeln
geklemmt werden kann.

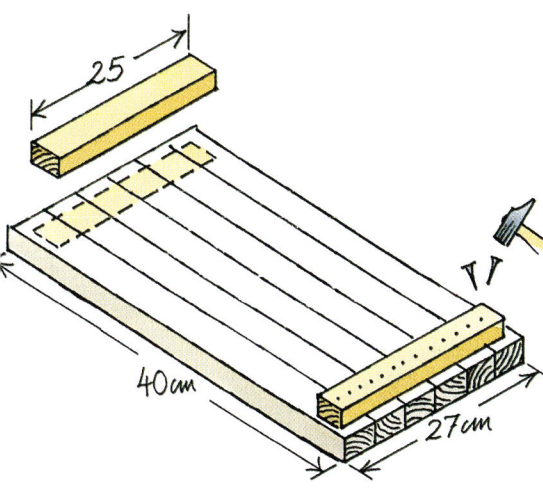

1 Sechs Lattenstücke mit zwei Querlatten fixieren.

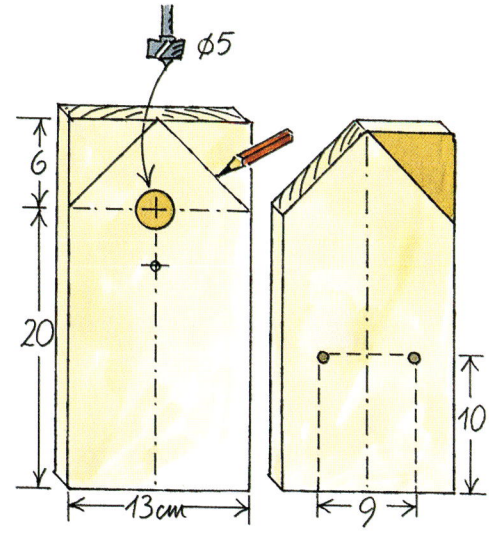

2 Beide Giebel markieren und aussägen. In eine Giebelwand ein Flugloch (Ø Forstnerbohrer richtet sich nach Vogelart) und ein Loch für die Sitzstange (Ø 8 mm) bohren.
In die andere Wand mit der Stichsäge eine Tür sägen.

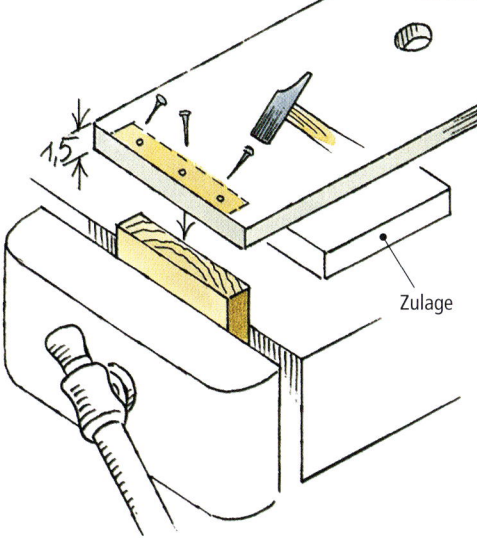

Zulage

3 Das Bodenbrett mittig und mit der Unterkante bündig an der Giebelwand befestigen.

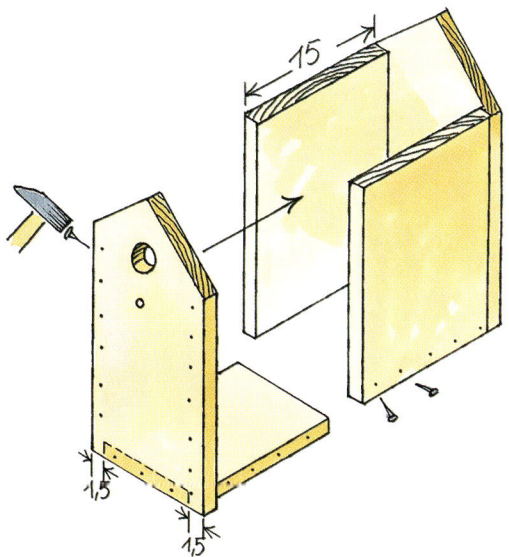

4 Alle Hauswände aneinander und an das Bodenbrett nageln (siehe Tipp Seite 108).

MATERIAL

6 Latten (40 x 4,5 x 2 cm)
2 Latten (25 x 4,5 x 2 cm)
Senkkopfnägel
   (Drahtstifte)
   (2,5 x 35)
2 Bretter (Giebel)
   (26 x 13 x 1,5 cm)
2 Bretter (Seiten)
   (20 x 15 x 1,5 cm)
Brett (Dach)
   (20 x 12x 1,5 cm)
Brett (Dach)
   (20 x 10,5 x 1,5 cm)
3 Spaxschrauben (2,5 x 30)
Brett (Terrassenboden)
   (18 x 10 x 1,5 cm)
Brett (Terrassendach)
   (18 x 13,5 x 1,5 cm)
2 Vierkantleisten
   (Terrassenstütze)
   (11 x 1,8 x 1,8 cm)
2 Vierkantleisten
   (Terrassenstütze)
   (9,5 x 1,8 x 1,8 cm)
2 Leisten (Geländer)
   (7,5 x 2,5 x 0,5 cm)
2 Leisten (Geländer)
   (2,5 x 2,5 x 0,5 cm)
2 Leisten (Geländer)
   (7,5 x 1,5 x 0,5 cm)
4 Dübel (Ø 8 mm)
Rundholz (Sitzstange)
   (Ø 8 mm, 7 cm lang)
Dachpappe
   (ca. 27 x 23 cm
   und 20 x 15 cm)
Brett (Türe rückwärts)
   (11 x 11 x 1,5 cm)
Flachkopfnägel (1,5 x 15)
Vierkantleiste (Kamin)
   (6 x 3,5 x 3,5 cm)
Holzleim, wasserfest
eventuell Dispersions-
   farben

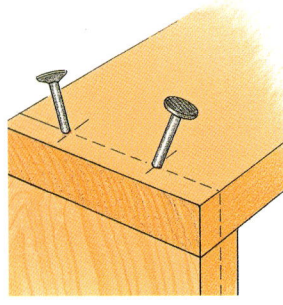

Tipp
Nägel halten besser, wenn
sie leicht schräg versetzt
eingeschlagen werden.

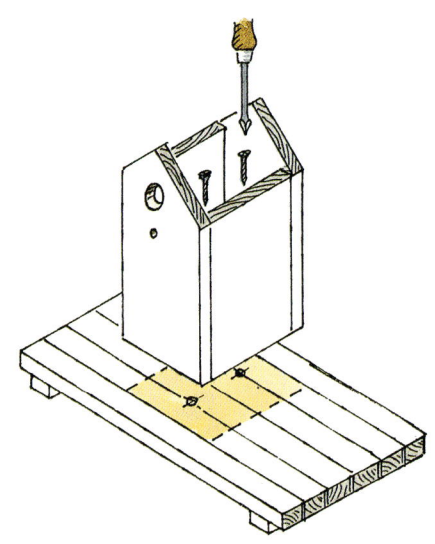

5 Das Haus auf das Grundbrett schrauben und
die Sitzstange einkleben.

6 Die Dachbretter an Giebel und First nageln
(siehe Tipp).

7 Zum Einsetzen der Eckstützen (11 cm lang)
aus dem Terrassenbrett zwei Ecken sägen.
Für die Mittelstützen (9,5 cm lang) zwei Dübel-
löcher (Ø 8 mm) bohren. Alle Stützen auf einer
Seite mit der Gehrungssäge (Winkel 30°)
abschrägen, in die andere Seite Dübellöcher
(Ø 8 mm) bohren und
Dübel einleimen.

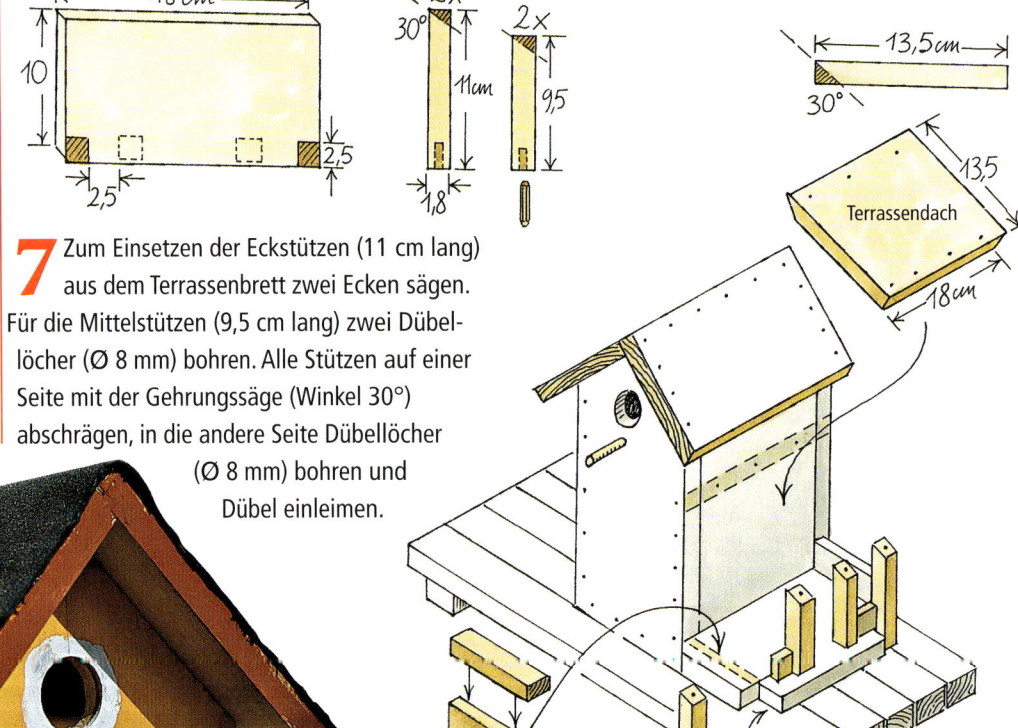

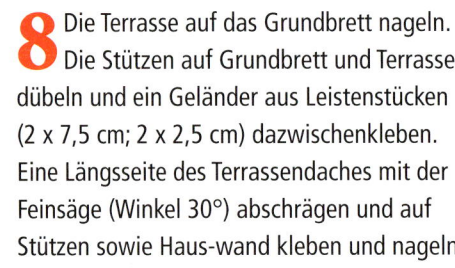

8 Die Terrasse auf das Grundbrett nageln.
Die Stützen auf Grundbrett und Terrasse
dübeln und ein Geländer aus Leistenstücken
(2 x 7,5 cm; 2 x 2,5 cm) dazwischenkleben.
Eine Längsseite des Terrassendaches mit der
Feinsäge (Winkel 30°) abschrägen und auf
Stützen sowie Haus-wand kleben und nageln.

9 Für beide Dächer mit Teppichmesser und Eisenlineal Dachpappe (ca. 1,5 cm überstehend) schneiden und aufnageln. Auf der Rückseite, in einem Eck über der Öffnung, das Türbrett mit einer Schraube befestigen. (Das Brett zum Öffnen nach oben schwenken.)

10 Aus einer Vierkantleiste einen Kamin rechtwinklig einschneiden und aufkleben.

Trockengestell

WERKZEUG

Bleistift
Lineal
Winkelmesser
Winkel
Zirkel
Schere
Stichsäge
Gehrungssäge
Streichmaß
Stemmeisen
Flachfeile
Zwingen
Stupfpinsel
breiter Pinsel
Bohrer (Ø 10 mm)

MATERIAL

Brett A (22 x 9 x 2 cm)
Brett B (34 x 5,5 x 2 cm)
2 Leisten
   (40 x 5,5 x 2 cm)
Papierscheibe (Ø 6 cm)
12 Rundhölzer
   (Ø 10 mm, 7 cm lang)
Holzleim, wasserfest
Schleifpapier (K 180)
Beize
Dispersionsfarbe
Abdeckband
Bienenwachs

Kein Koch kann auf ein Schneidebrett verzichten. Zum Gebrauch in der Küche eignen sich am besten Brettchen aus robustem Buchen holz. Als Speisebrettchen, z.B. als Käsebrett, wird gerne Ahorn verwendet. Nach Gebrauch gespült, können sie auf dem Haltegestell an der Luft trocknen.

Die Zapfen an Brettchen- und Handtuchhalter stecken in Bohrlöchern, die alle mittels einer Führungsschablone aus Holz im gleichen Neigungswinkel gebohrt werden.

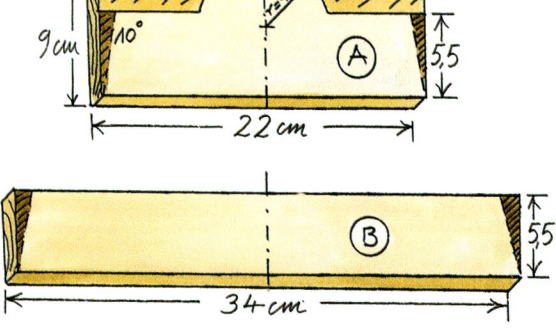

1 An den oberen Rand des Brettes (A) mittig einen Halbkreis (r = 4,25 cm) zeichnen und mit der Stichsäge aussägen.
Rechts und links des Bogens das Brett auf 5,5 cm schmaler machen. Die Ränder mit der Gehrungssäge abschrägen (Winkel 10°), ebenso beim unteren Brett (B).

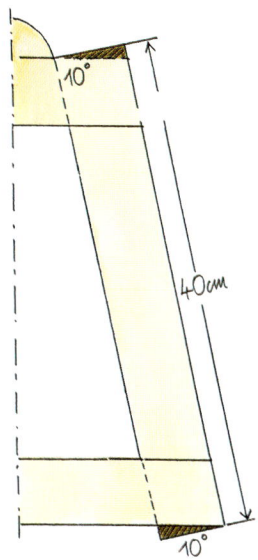

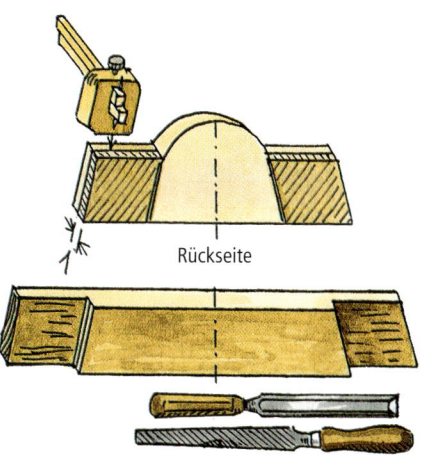

Rückseite

HANDTUCHHALTER

Fischform mit der Stichsäge aus einem Brett (40 x 18 x 2 cm) sägen und lackieren. Schräge Bohrungen wie beim Trockengestell herstellen und Rundhölzer im Abstand von 8 cm einsetzen.

2 Auch die Ränder der Seitenbretter abschrägen. Auf der Vorderseite Sägeeinschnitte für die Ecküberblattung markieren, ebenso auf den Rückseiten der Bretter (A) und (B).

3 Streichmaß auf 10 mm einstellen und Schnitt- und Ausstemmtiefe an allen Verbindungsstellen anreißen. Die Hölzer zuerst einsägen, dann ausstemmen und glatt feilen.

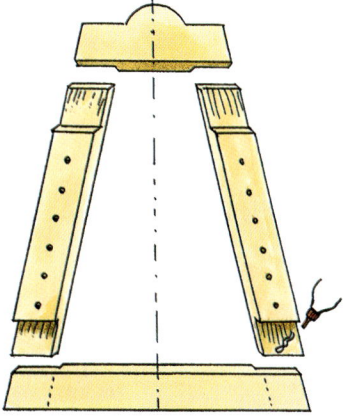

4 In die Seitenleisten mit Bohrschablone schräge Löcher bohren. Die Leisten zusammenleimen und zwischen Zulagen mit Zwingen pressen. Die Kanten mit Schleifpapier brechen.

5 Das Holz beizen. Eine Papierschablone mit Muster ausschneiden und auf (A) fixieren. Mit stumpfem, trockenem Pinsel die Dispersionsfarbe darüber stupfen. Das Haltegestell wachsen und polieren. Rundhölzer an den Enden anfasen und in die Löcher kleben. Zum Aufhängen des Gestells von hinten eine Vertiefung in (A) bohren.

Bohrhilfe für schräge Löcher

1. Eine Kippvorrichtung aus zwei Platten und zwei Scharnieren bauen. Einen Holzklotz bis zur gewünschten Schräge dazwischenschieben und mit Zwinge fixieren.

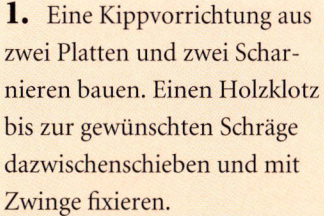

2. Auf einem Schablonenholz Löcher im Abstand von 3,5 cm markieren. Bei einem Lochabstand von 3,5 cm entsteht ein Freiraum von 1,6 cm. Für breitere Brettchen muss der Lochabstand vergrößert werden.

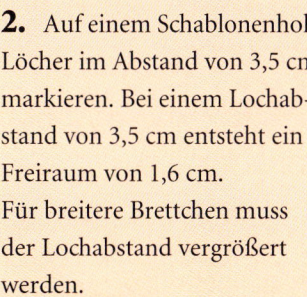

3. Das Schablonenholz mit Zulage und Zwinge auf der Vorrichtung befestigen und senkrechte Löcher durchbohren.

4. Die Seitenleiste mit der Schablone zusammenzwingen. Beide Hölzer im Schraubstock festhalten und mit der elektrischen Handbohrmaschine durch die Schablonenlöcher in die Leiste bohren.

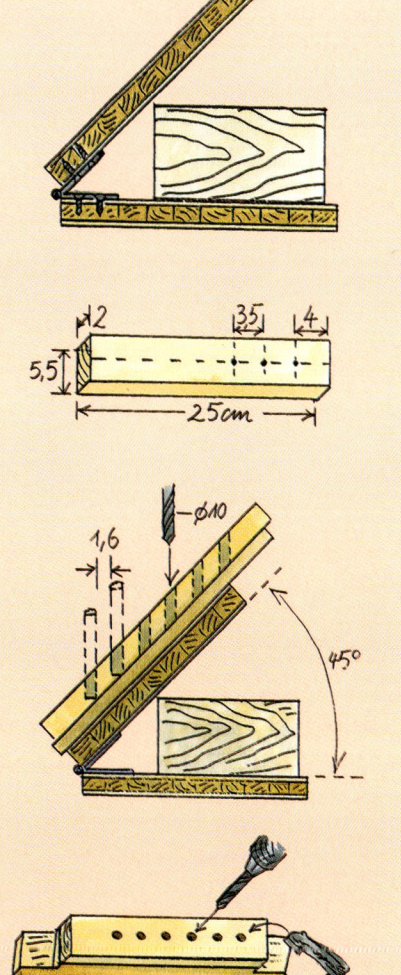

Schatzhüter

WERKZEUG

Fuchsschwanz
Feinsäge
Zwingen
Raspel
Feile
Reibahle
Maßstab
Bleistift
Dübelmarkierspitze (Ø 6 mm)
Bohrer (Ø 3; 4; 6 mm)
Schleifklotz
feuchtes Schwammtuch
Pinsel

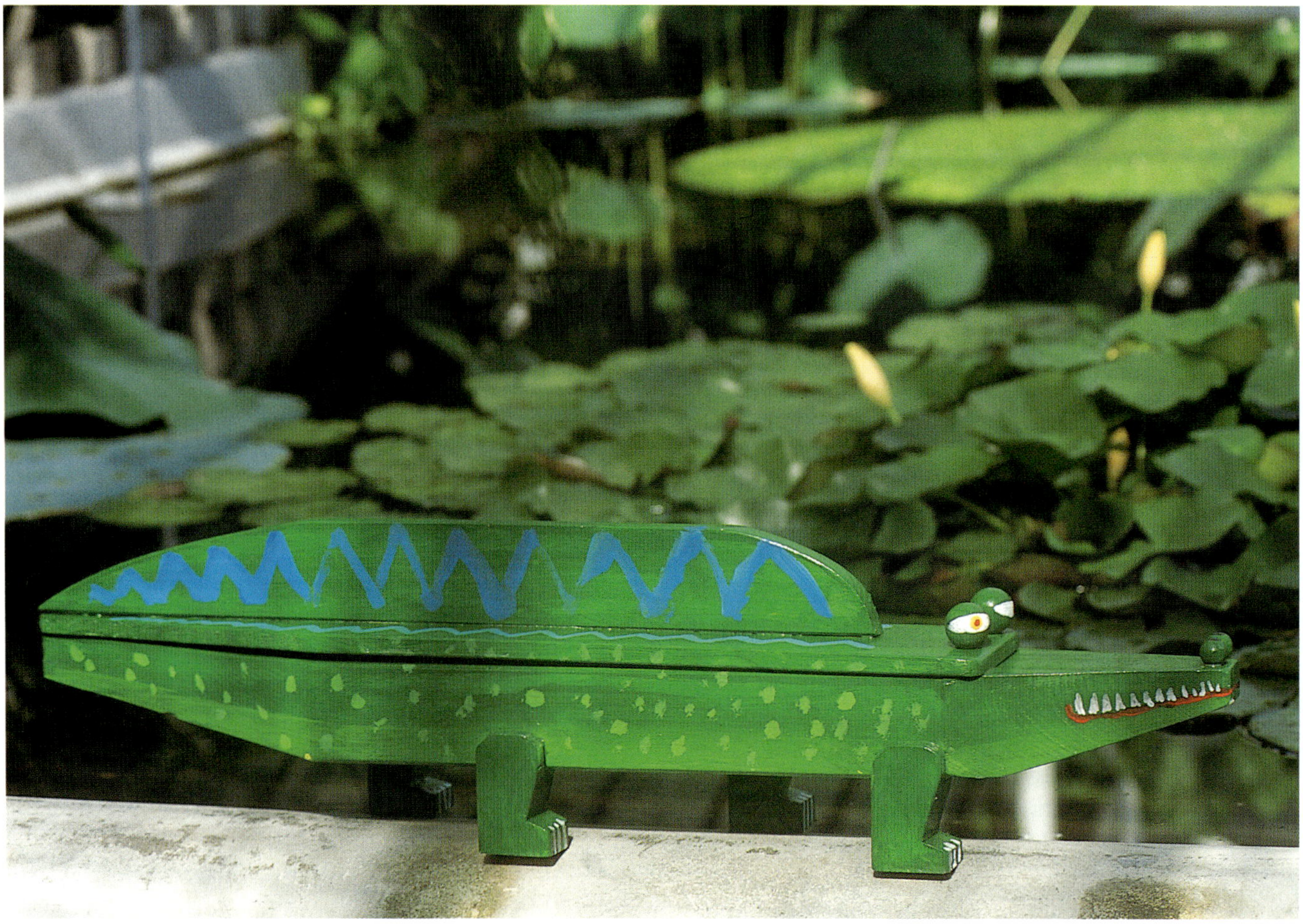

Man sieht es ihnen nicht an, doch Krokodil, Echse, Schwein, Ratte und Nashorn bewachen kleine Schätze!

Die kräftigen Holzdosen in Tierform verfügen über ein Geheimschloss und können nur mit einem speziellen Schlüssel geöffnet werden: Mal ist es ein Kugelauge, mal ein Ohr oder Horn, das wie ein Stöpsel gezogen werden muss, um den Schachteldeckel schwenken zu können. Die Behälter sind unterschiedlich groß: Das Krokodil ist am längsten, Schwein und Nashorn werden aus breiteren Brettern gebaut.

Krokodil

1 Für Blinddübelung in die Stirnseiten der 35 cm langen Bretter vorsichtig Löcher (Ø 6 mm) bohren und Bretter u-förmig zusammenleimen. Mit Zwingen zwischen Zulagen pressen.

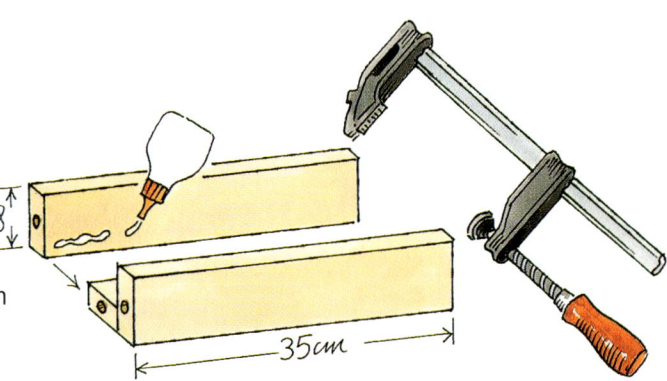

2 In Löcher Dübelspitzen stecken und Vierkanthölzer damit markieren. Löcher vorstechen und bohren. Dübel einleimen und Vierkanthölzer an U-Form kleben.

Dübel-
Markierspitze

3 Schnauze und Schwanz in Draufsicht und Seitenansicht auf Vierkanthölzer zeichnen und mit Fuchsschwanz zusägen.

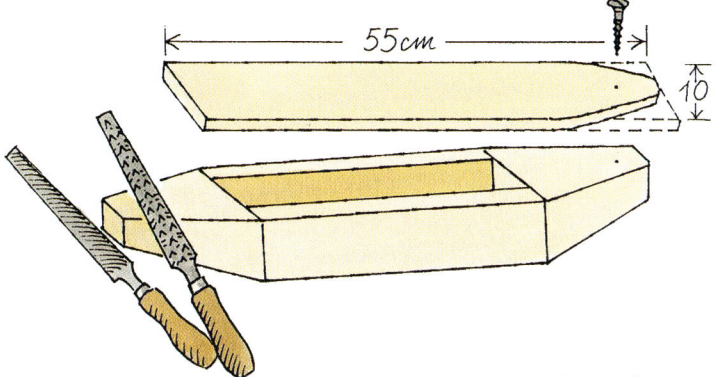

4 An Kopf und Schwanz die Kanten mit Raspel und Feile brechen. Schwanzform in Deckelbrett (ca. 55 cm) sägen. Etwa 4 cm vor der Schwanzspitze durch Deckel und Vierkantholz ein Loch für Senkkopfschraube bohren. Bohrloch im Deckel mit der Reibahle etwas erweitern.

MATERIAL

2 Vierkanthölzer
  (ca. 17 x 10 x 8 cm)
Brett (Deckel)
  (ca. 55 x 8 x 1 cm)
Brett (Rücken)
  (ca. 42 x 7 x 1cm)
3 Bretter
  (ca. 35 x 8 x 1 cm)
8 Dübel (Ø 6 mm)
Holzleim
Senkkopfschraube
  (Ø 4 mm x 4,5 cm)
2 Holzkugeln mit Loch
  (Ø 15 cm)
2 Holzkugeln mit Loch
  (Ø 30 mm; dazu Dübel-
  hölzer in Lochstärke
  und Bohrer mit
  gleichem Ø)
Leiste (Beine)
  (30 x 4 x 3 cm)
Schleifpapier
  (K 100, K 180)
Zulagenhölzer
Dispersionsfarben
Klarlack, seidenmatt

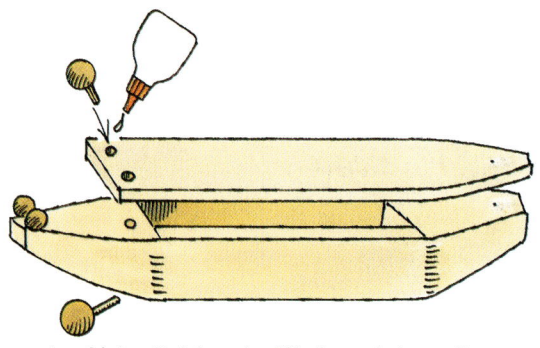

5 In die Schnauzenspitze kleine Holzkugeln dübeln und ein großes Kugelauge mit kurzem Dübel in den Deckel leimen. In das zweite Kugelauge einen langen Dübel leimen, dies bildet den Stöpsel. Durch den Deckel in die Schnauze ein Dübelloch ($\frac{1}{2}$ Nummer größer als der Dübel) bohren.

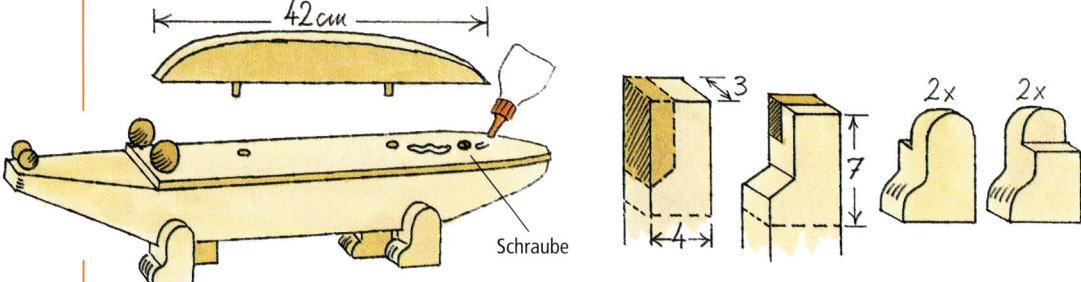

Schraube

6 Brett (42 cm lang) in Kammform sägen. Deckelbrett anschrauben – nicht zu fest! Den Kamm mittig über dem Schraubenkopf auf den Deckel dübeln. Mit Feinsäge aus einer Leiste vier Beine (ca. 7 cm lang) sägen und seitenweise versetzt an den Körper kleben. Alle Kanten mit Schleifpapier (K 100) brechen, Holz anfeuchten und nach dem Trocknen überschleifen (K 180). Krokodil mit Dispersionsfarbe bemalen, mit seidenmattem Transparentlack lackieren.

Geräusch- und Klanginstrumente

Rassel und Regenstab

WERKZEUG

Bleistift
Lineal
Winkel
Feinsäge
Streichmaß
Stemmeisen
Holzhammer
Raspel
Feile
Schleifpapier
   (K 80, 120, 180, 240)
Zwingen
Pinsel
Bohrer (Regenstab)
   (Ø 4 mm)

MATERIAL

RASSEL
2 Leisten
   (18 x 6 x 2,5 cm)
Abdeckband
Körner
   (z.B. Erbsen, Mais)
Holzleim
Holzlasur, farbig

REGENSTAB
2 Leisten
   (80 x 6 x 3 cm)
Abdeckband
ca. 80 Rundhölzer
   (Ø 4 mm, 5 cm lang)
Körner (z.B. Linsen)
Holzleim
Holzbeize: rot, gelb, grün
Rubbelkrepp
   (erhältlich im
   Malerbedarf)
Bienenwachs

Vivienne lauscht: Der große Fisch erzählt ihr vom Meer, den Wellen, die kommen und gehen, über den Strand schlecken und kleine Kieselsteine rieseln lassen.

Der Fisch ist ein klingender Hohlkörper, auch „Regenstab" genannt. Wird er auf Kopf oder Schwanz gestellt, rieseln an seinen mit Rundhölzern gespickten Innenwänden Linsen herunter und verursachen ein Riesel- oder Regengeräusch. Rasseln werden wie der Regenstab, nur ohne Rundhölzer im Hohlraum, hergestellt. In ihren glattwandigen Innenraum füllt man Erbsen oder kleine Steinchen, Reis oder Maiskörner.

Rassel

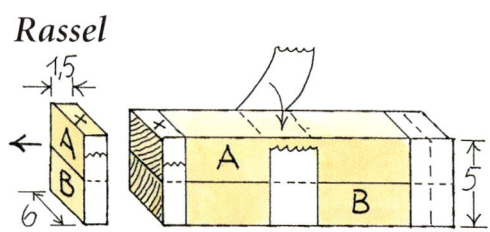

1 Beide Leistenhölzer mit Abdeckband zusammenhalten und an den Enden je 1,5 cm abtrennen. Endstücke und Leisten markieren. Die beiden Endstücke jeweils miteinander verleimen.

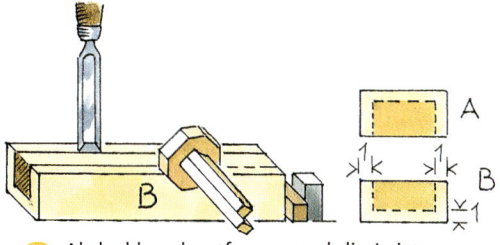

2 Abdeckband entfernen und die Leisten zwischen Zulagen einspannen. Den Rand (beidseitig 1 cm breit) anreißen und mit dem Stemmeisen abstechen (siehe Seite 33!).

3 Stufe für Stufe einen Hohlraum ausstemmen.

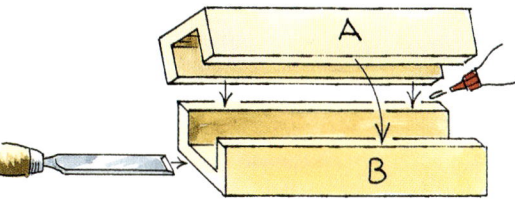

4 Boden und Wände mit dem Stemmeisen glätten und die ausgehöhlten Hölzer aneinander kleben. Zwischen Zulagen mit Zwingen pressen.

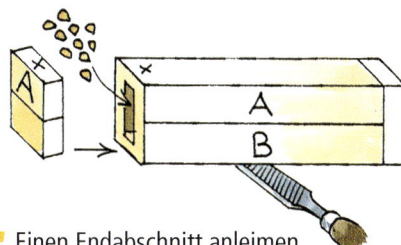

5 Einen Endabschnitt anleimen und trocknen lassen. Dann die Rassel mit Klanggut befüllen (Hörtest vor dem Verschließen!). Mit dem anderen Endstück verschließen. Alle Kanten mit Raspel und Feile abrunden und mit Schleifpapier glätten. (Vor dem letzten Schleifgang das Holz anfeuchten.)

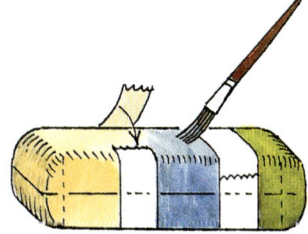

6 Mit Hilfe von Abdeckband die Rassel mit Lasurfarbe bemalen. Wellen oder Zacken können mit einem Cuttermesser vorsichtig aus dem Abdeckband geschnitten werden.

Regenstab (Fisch)

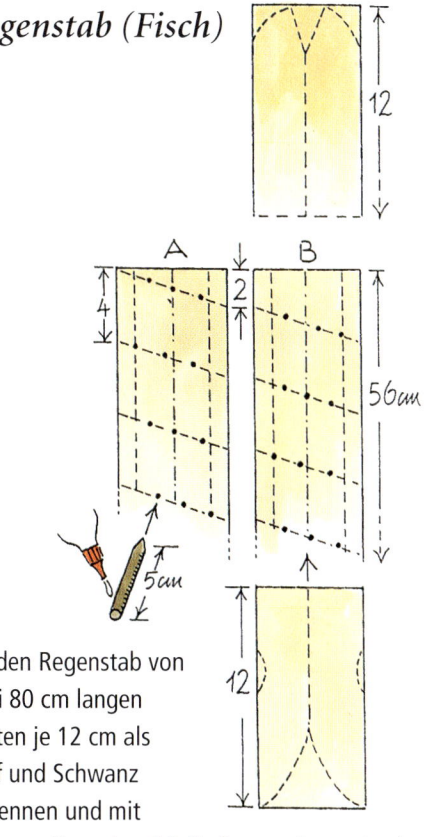

Für den Regenstab von zwei 80 cm langen Leisten je 12 cm als Kopf und Schwanz abtrennen und mit Hilfe von Raspel und Feile formen. In zwei nebeneinander liegende Seiten (A, B) des ausgehöhlten Mittelteils (56 cm lang) werden Löcher (Ø 4 mm) gebohrt. Die Vierkantröhre wird dazu in einem Abstand von 4 cm schräg liniert und je drei Löcher leicht versetzt untereinander angebracht. Die Rundhölzer von außen in die Röhre schieben und in die Löcher leimen. Überstand außen absägen und glatt feilen. Endabschnitte (Kopf und Schwanz) befestigen (siehe Schritt 5). Der Fisch wird mit hellen Holzbeizen grundiert, mit „Rubbelkrepp" gemustert, mit dunklerer Holzbeize übermalt. Nach dem Trocknen und Abrubbeln des Krepps erscheint das Muster in den Farben der Grundierung.

Regenstäbe, 1 m und 80 cm lang; der lange Stab wurde mit Holzlasur gefärbt.

Schrappstock und Schwirrholz

WERKZEUG

SCHRAPPSTOCK
Bleistift
Lineal
Winkel
Puksäge
Feinsäge
Raspel
Feile
Bohrer (Ø 5 mm)
Bienenwachs

MATERIAL

SCHRAPPSTOCK
Leiste (37 x 3,5 x 2,5 cm)
Rundholz
  (Ø 10 mm, 13 cm lang)
Schleifpapier
  (K 80, 120, 180)
Schnur, ca.60 cm

„Ratsch, ratsch!", schnarrt der Schrappstock, wenn das Reibholz rhythmisch über seine Stege streicht. Die länglichen Schwirrhölzer erzeugen einen tiefen Brummton, wenn sie kreisend die Luft durchschneiden. Wir kennen sie von den australischen Ureinwohnern und auch von den Indianern, die damit Vögel aus ihren Maisfeldern vertrieben.

Schrappstock

Je nachdem ob die Leiste hochkantig oder auf ihrer Breitseite eingekerbt wird, entsteht ein helleres oder tieferes Schrappgeräusch. Die hohle Hand, die sie hält, wirkt dabei als Resonanzverstärker. Wir bearbeiten die hochkantige Leiste.

1 Auf der Breitseite (3,5 cm) der Länge nach die Mitte markieren. Auf der Schmalseite mittels Winkel elf Sägeschnitte im Abstand von 2 cm anzeichnen und bis zur Mittellinie einsägen.

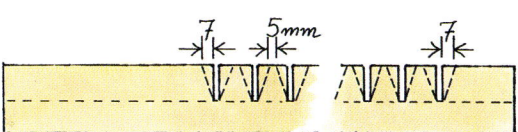

2 Beidseitig des Schnitts je 7 mm markieren: Auf der Schmalseite als Linien, parallel zum Schnitt laufend, auf der Breitseite auf das Schnittende stoßend.

3 Für die Schrägschnitte mit der Puksäge eine Führungsspur vorsägen. Mit der Feinsäge die Holzkeile abtrennen.

4 Die Kanten des Stabes mit Raspel und Feile abrunden und mit Schleifpapier glätten.

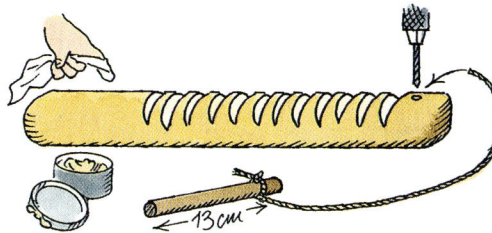

5 Das Reibholz (Rundholz) einkerben oder lochen und die Schnur anknoten. Das andere Schnurende durch ein Loch im Schrappstock führen und festknoten. Den Stab einwachsen, anschließend polieren.

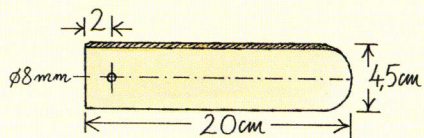

Schwirrholz

Am Ende des Holzstreifens einen spitzen oder runden Abschluss zeichnen und mit der Laubsäge aussägen. Mittig ins andere Streifenende ein Schnurloch bohren. Eine Seitenkante oder den Abschluss mittels Feile und Schleifpapier dünn abflachen. Kanten und Holzfläche mit Schleifpapier glätten, mit Ölkreiden mustern und mit Holzbeize übermalen. Die Schnur mit einer weiten (!) Schlaufe befestigen. Das andere Schnurende fassen und das Holz über dem Kopf oder vor dem Körper im Kreis erst langsam, dann immer schneller wirbeln und schwirren lassen.

WERKZEUG

SCHWIRRHOLZ
Bleistift
Lineal
Laubsäge
Bohrer (Ø 8 mm)
Feile

MATERIAL

SCHWIRRHOLZ
Sperrholzstreifen
(20 x 4,5 x 0,4 cm)
Schleifpapier (K 80, 120)
Ölkreiden
Holzbeizen
Schnur (ca. 1,5 m)

Leierbrett

WERKZEUG

Stichsäge
Feinsäge
Puksäge
Bleistift
Lineal
Streichmaß
Raspel
Feile
Bohrer
   (Ø 5; 6; 10; 10,5 mm)

MATERIAL

Brett (44 x 19 x 1,8 cm)
2 Bretter
   (13,5 x 7 x 1,5 cm)
2 Bretter (22 x 6 x 1,5 cm)
Ahornbrett
   (20 x 15 x 0,4 cm)
Brett (19 x 7,8 x 1,8 cm)
Vierkantleiste
   (19 x 1,8 x 1,8 cm)
Vierkantleiste
   (15 x 3 x 3 cm)
Vierkantleiste
   (12 x 2 x 2 cm)
Rundholz
   (Ø 2,5 cm; ca. 10 cm)
Rundholz
   (Ø 10 mm, ca. 50 cm)
Holzscheibe
   (Ø 2,5 cm; 1,5 cm dick)
dünne Drahtstifte
Holzleim
Schleifpapier (K 100, 180)

Tipp

Damit der Sägeschnitt nicht zu tief wird, kann das Sägeblatt mit Bleistift oder Klebeband markiert werden.

„Ploing, ploing!" In unterschiedlichen Tonhöhen klingen die vier Holzzungen aus Ahorn, wenn sie von den Zapfen niedergedrückt werden und dann nach oben schnellen.

Ob langsam oder schnell gedreht, immer ist es dieselbe Leier in gleicher Klangfolge, die durch die Anordnung unterschiedlich langer Zungenstreifen entsteht.

1 Von der Griffform eine Papierschablone anfertigen und die Umrisse auf das Brett übertragen.

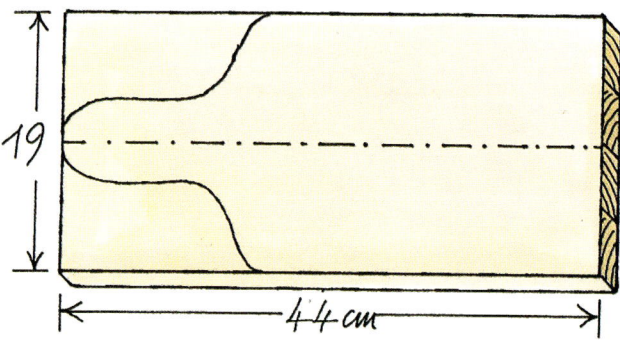

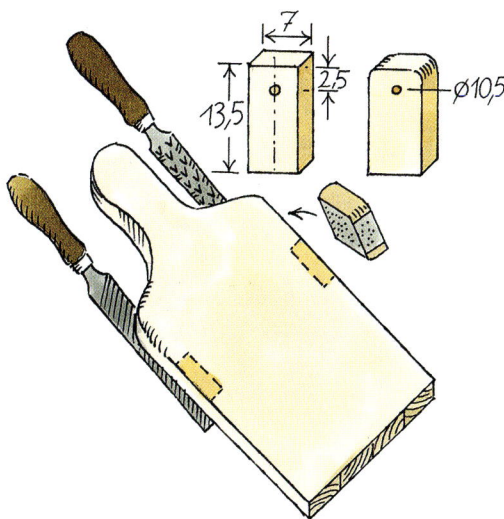

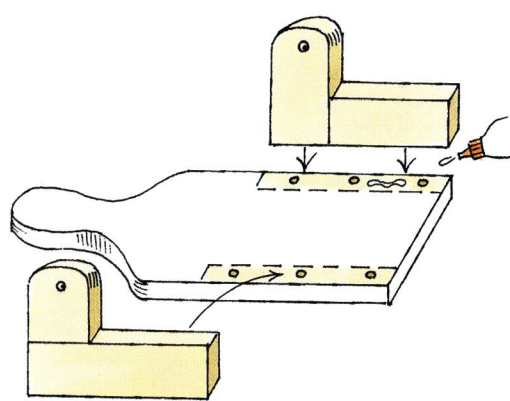

2 Den Griff mit Raspel und Feile abrunden und mit Schleifpapier glätten. Die Hölzer der Achsenhalterung oben abrunden und mittig Löcher bohren. Seitenwände und Halterung mit Überblattung verbinden (siehe Randspalte).

3 Lage der Seitenwände auf dem Brett markieren und je 3 Dübellöcher bohren (Ø 6 mm). Die Wände auf das Brett kleben.

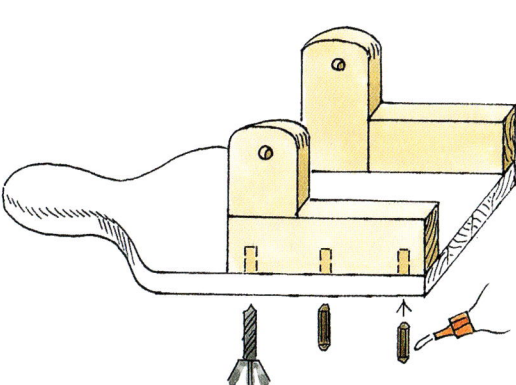

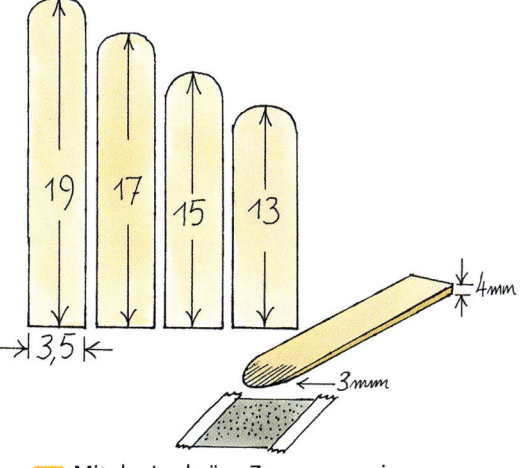

4 Die Bohrungen im Brett in den Seitenhölzern verlängern und Dübel einkleben.

5 Mit der Laubsäge Zungen aus einem Ahornbrett sägen und die Zungenspitzen mit Schleifpapier auslaufend abflachen.

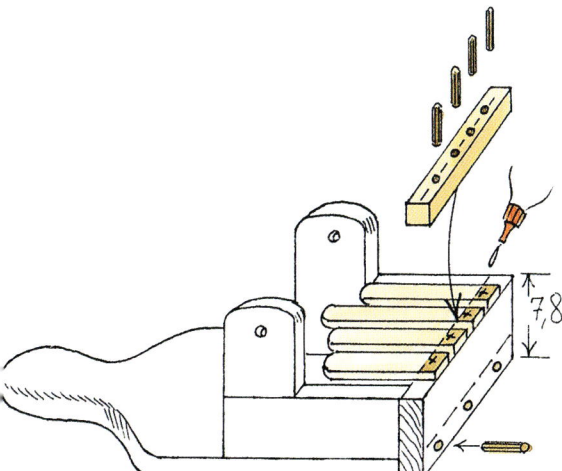

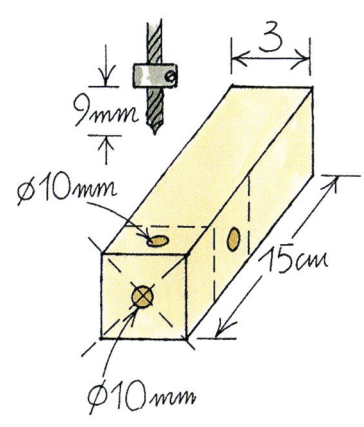

6 Zungen in beliebiger Anordnung (Abstand 2 mm) bündig auf das Abschlussbrett kleben. Von oben mit einer Vierkantleiste und Dübeln fixieren. Abschlussbrett an das Griffbrett und die Seiten dübeln.

7 In die Stirnseiten der Achse je 4 cm tief mittig Löcher bohren (Ø 10 cm). Kantholz auf die Zungen legen, die Lage einer anderen Zunge auf jeder Seite markieren und die Zapfenlöcher bohren.

ÜBERBLATTUNG DER SEITENWÄNDE

Überblatten ist eine häufig angewandte Art der Holzverbindung. Besonders an Ecken (Ecküberblattung) fügt man Hölzer auf diese Weise fest aneinander. Beim Überblatten wird von beiden Hölzern jeweils die halbe Materialstärke weggenommen, bevor die Teile bündig zusammengeleimt werden. Das Wegnehmen bezeichnet der Schreiner als „Ausklinken", die stehen gebliebenen halben Holzteile nennt er „Blätter".

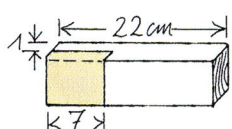

Absatz und Ausklinkung mit Stift und Streichmaß markieren.

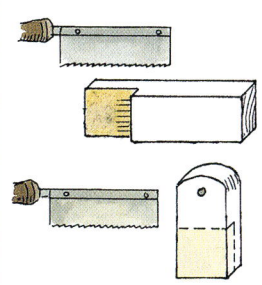

Die Ausklinkung mit der Feinsäge von beiden Seiten einsägen. Dabei den Sägeschnitt im abfallenden Holz führen!

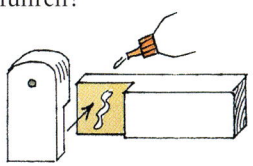

rechte Seitenwand

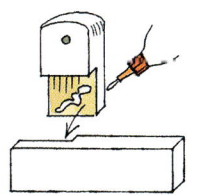

linke Seitenwand

121

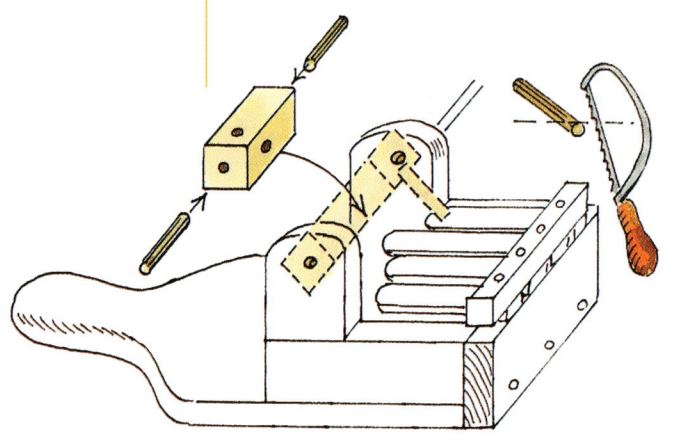

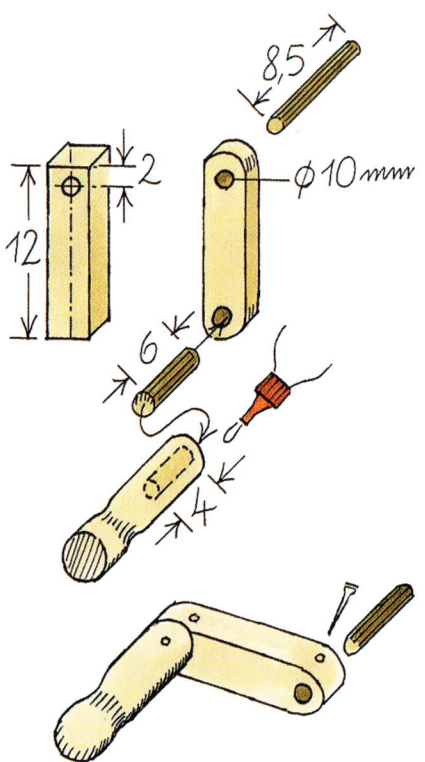

8 Achse provisorisch in die Halterung einsetzen und die Zapfenlängen ermitteln: Die Zapfen liegen vorne abgeschrägt mit der Fläche auf den Zungenspitzen. Ihr anderes Ende steckt 9 mm tief im Achsenholz. Dann die Zapfen zusägen.

9 Die Kurbelstange bohren (Ø 10 mm) und die Ecken abrunden. Ein Stück Rundholz mit Raspel und Feile zum Griff formen und 4 cm tief mittig ein Loch bohren (Ø 10 mm). Ein Dübelholz (6 cm lang) einleimen und den Griff an der Kurbelstange befestigen. In das zweite Loch das Achsenrundholz (8,5 cm lang, Ø 10 mm) kleben. Verbindungen mit dünnen Drahtstiften fixieren.

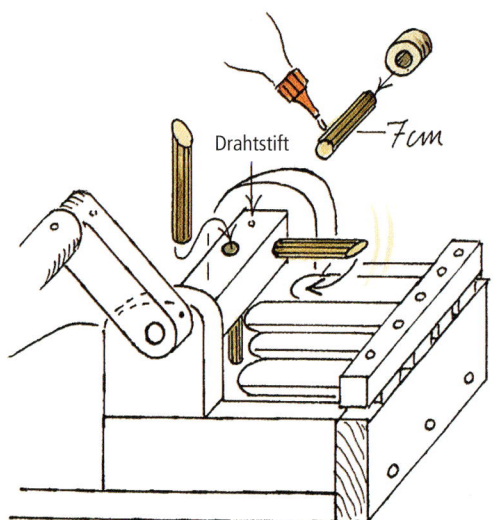

10 Das Vierkantholz mit den Zapfen zwischen die Halterungen setzen: Von einer Seite das Achsenrundholz, von der anderen Seite ein Rundholz (7 cm lang) mit Holzscheibenabschluss aufstecken und festkleben. Mit Drahtstiften fixieren.

Modelle und Konstruktionen

Riesenrad

WERKZEUG

Stichsäge
Feinsäge
Puksäge
Laubsäge
Bleistift
Lineal
Winkelmesser
Bohrer
   (Ø 4; 4,5; 15 mm)
Hammer
Stemmeisen
Pinsel

Welche Freude, welch Vergnügen mit den Gondeln durch die Luft zu fliegen! Ob Jahrmarkt oder Oktoberfest, das Riesenrad ist immer dabei, mit Glockenspiel oder Drehorgelmusik.

Unser Modell besteht aus zwei Teilen: dem Rad und der Halterung.

Das Rad lagert mit seiner Achse beidseitig locker und gleichmäßig in einer Nut.
Ein kleiner Anstoß mit der Hand genügt und schon setzt sich das Karussell in Bewegung.
Es dreht sich mehrere Runden lang und die Gondeln schwingen mit.

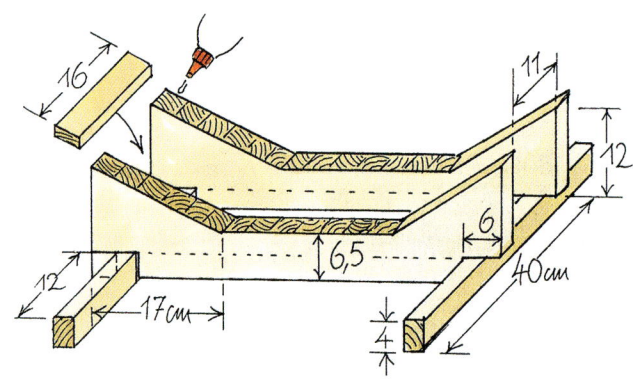

1 Aus einer Tischlerplatte die Rampenseiten sägen, auf Querleisten setzen und mit Leistenstücken bekleben.

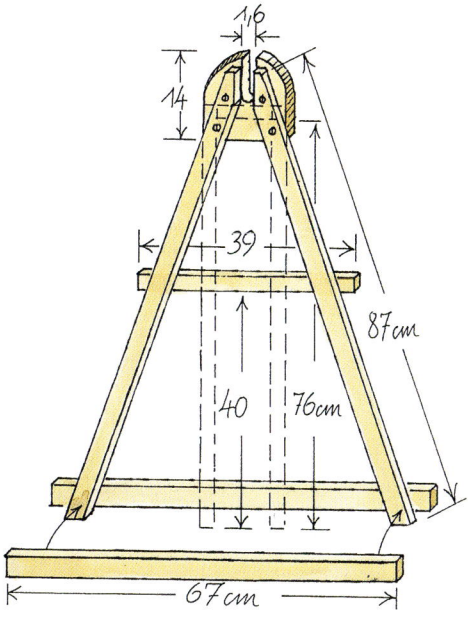

2 Beide Plattenquadrate in der oberen Hälfte zu einem Halbkreis (r = 7 cm) abrunden und den Mittelpunkt durchbohren (Ø 15 mm). Vom Kreisrand zum Loch einen Schlitz aussägen. Schrägstützen (87 cm) oben beidseitig des Schlitzes anschrauben und unten, zusammen mit senkrechten Stützen (76 cm) zwischen zwei Leisten (67 cm) kleben. Senkrechtstützen mit Querholz (11 cm) unter dem Schlitz befestigen.

4 Gondeln mit Aufhängelaschen aus Sperrholz sägen und Kanten mit Schleifpapier glätten. Gondeln und alte Radleisten bemalen und Löcher bohren (Gondeln Ø 4,5 mm, Leisten 4 mm). Sperrholzscheibe (Ø 21 mm) mittig anbohren (Ø 15 mm) und Scheiben (Ø 16 und 14 mm) durchbohren (Ø 15 mm).

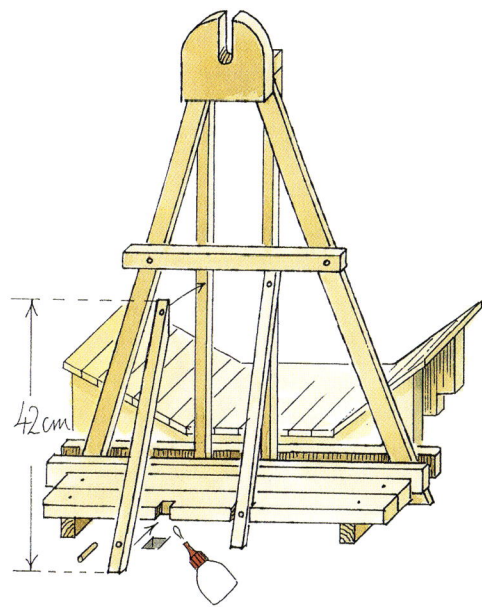

3 Beide Halterungen an der Rampe befestigen und je zwei Latten davorkleben. Aus der vorderen Latte zwei schräge Schlitze (Winkel 20°) ausstemmen und zwei abgeschrägte Vierkanthölzer (Winkel 20°) in die Schlitze und an die Senkrechtstützen kleben und dübeln (Ø 4 mm). Querleiste (39 cm) über den Vierkanthölzern befestigen.

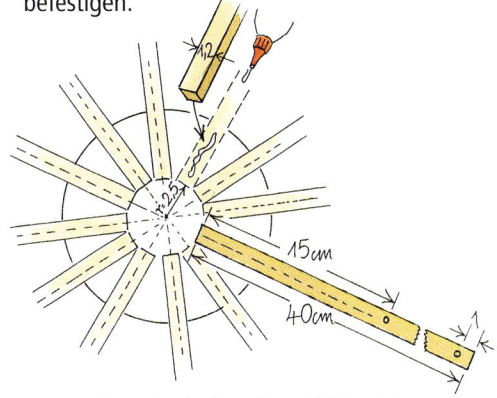

5 Auf zwei Scheiben je zwölf Speichenhölzer (Ø 16 cm) kleben und mit Scheiben (Ø 14 cm) überkleben. Beide Speichenräder übereinander legen und mit eingeklebten Rundhölzern (8,5 cm) innen verbinden (Abstandhalter dazwischenlegen). Auch am Rand mit Rundhölzern (10 cm) und Randleisten zusammenkleben (23 cm; im Wechsel über und unter die Speichen schieben!) Dabei das Auffädeln der Gondeln nicht vergessen!

6 Abstandhalter entfernen, die Achse (Ø 15 mm) durchschieben und ankleben. An der Achse eine bemalte Abschlussscheibe (Ø 21 cm) befestigen.

M A T E R I A L

2 Tischlerplatten
  (52 x 16 x 2 cm)
2 Tischlerplatten
  (14 x 14 x 2 cm)
12 Sperrholzplatten
  (19 x 12 x 0,4 cm)
2 Leisten (40 x 4 x 2 cm)
32 Leistenstücke
  (16 x 2 x 0,5 cm)
4 Leisten (87 x 3 x 1 cm)
4 Leisten (76 x 1,5 x 1 cm)
2 Leistenstücke
  (11 x 2 x 1 cm)
2 Leisten (39 x 3 x 1,5 cm)
4 Leisten (67 x 3 x 1,5 cm)
4 Latten (58 x 5 x 2,2 cm)
4 Vierkantleisten
  (42 x 1,8 x 1,8 cm)
24 Vierkantleisten
  (40 x 1,2 x 1,2 cm)
24 Leisten
  (23 x 2 x 0,5 cm)
12 Rundhölzer
  (Ø 4 mm; 8,5 cm lang)
12 Rundhölzer
  (Ø 4 mm; 10 cm lang)
Nägel (5 cm lang)
Dübelholz (Ø 4 mm)
Holzleim; Schleifpapier
Sperrholzscheibe
  (Ø 21 cm; 6 mm dick)
2 Sperrholzscheiben
  (Ø 16 cm; 6 mm dick)
2 Sperrholzscheiben
  (Ø 14 cm; 10 mm dick)
Rundholz (Achse)
  (Ø 15 mm; 35 cm lang)
Dispersionsfarben

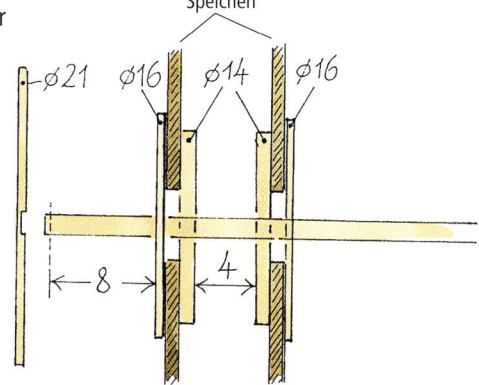

125

Stadtmodell

*Stadtplanung beginnt am grünen Tisch – auf grün bemalten Platten,
mit einem rosafarbenen Straßennetz oder auf Asphaltgrau.
Von einer Gruppe eifriger Baumeister ist die Fläche schnell mit Klein-
siedlungen, futuristischen Gebäuden, Türmen und Hochhäusern,
einem Fußballstadion, Freibad und anderem mehr gefüllt. Über den
mit Leisten befriedeten Fluss führen Brücken für den Autoverkehr
und auf dem nahe gelegenen See verkehren Dampfer und Fähren.
Am Stadtrand entsteht eine kleine Idylle mit
Wäldchen, Jägerstand und Hexenhaus.*

WERKZEUG

verschiedene Sägen
   (je nach den zur
   Verfügung stehenden
   Hölzern)
Zwingen
Zwickzange
eventuell Akkubohrer

MATERIAL

Tischlerplatte
   (Grundfläche)
   (110 x 80 x 2 cm)
Sperrholzplatten
   (20 x 30 cm)
Brett- und Leistenreste
Rundholzreste
kleine Nägel
Blumendraht
Holzleim (express)
Dispersionsfarben

Das meiste Baumaterial besteht aus Fertigteilen: Hölzer aus der Restekiste. Nur einige Ergänzungsteile werden zusätzlich gesägt. Mit schnell trocknendem Holzleim werden die Teile verbunden und auf die bemalte Platte geklebt.

1 Dünne Leisten mit der Puksäge durchsägen.

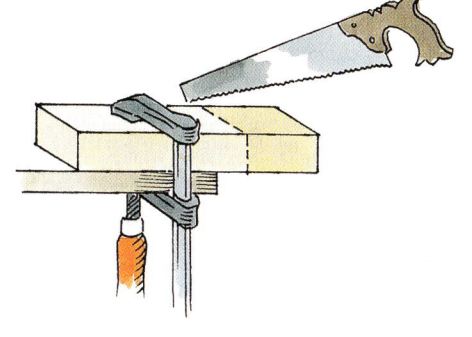

2 Stärkere Hölzer mit Zwingen (oder Schraubstock) halten und mit dem Fuchsschwanz trennen.

Tipp

Kleine Klebeflächen, z.B. bei einem Baum aus Sperrholz, durch Anleimen von Leistenstücken vergrößern.

3 Nicht zu kleine Sperrholzbretter verwenden, da noch Platz zum Halten oder Festzwingen bleiben muss.

4 Löcher, z.B. für Antennen und Stromleitungen, erst nach dem Aufkleben auf das Brett mit einem Akkubohrer einbohren.

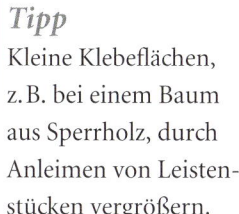

Baumhäuser und Auslegerboot

*Ein Forscherteam hat hoch oben in den Baumkronen der Urwald-riesen eine Papageien-Beobachtungsstation errichtet.
Es ist dazu in einem Boot, wie es die Einheimischen zum Fischen und Muscheltauchen verwenden, flussaufwärts weit ins Landes-innere gereist.*

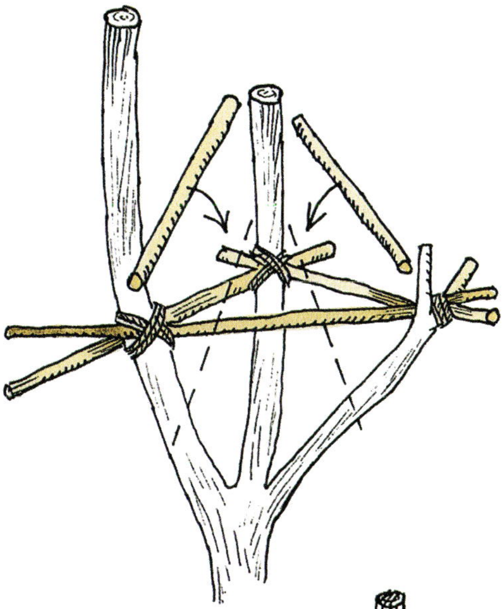

Baumhaus

Die Hütten bestehen aus Kartonschachteln und werden mit Hölzern beklebt. Das Astholz dazu wird mit Messer und Hammer auf einer Unterlage gespalten.

1 Zum Auflegen der Plattformen mehrere Aststücke zwischen den Astgabeln befestigen.

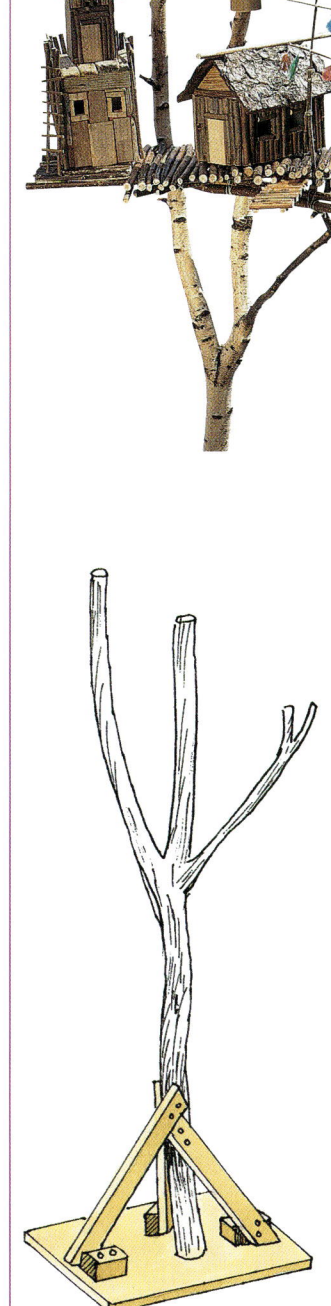

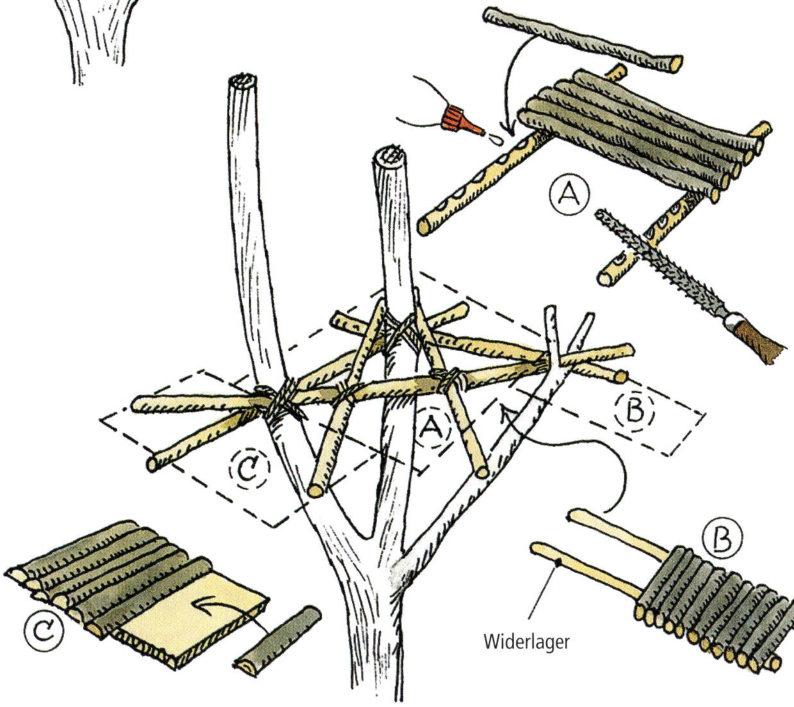

Widerlager

2 Plattformenbau: Zwei gerade Auflagenhölzer mit der Rundfeile einkerben und gleichlange Äste in die Kerben kleben (A). Gleichdicke Aststücke auf der Unterseite mit Abdeckband verbinden und auf zwei Auflagenhölzer kleben. 10 cm Widerlager freilassen (B). Halbierte Aststücke auf Karton kleben (C). Plattform (A) auf die Auflage legen und mit Schnur befestigen. Plattform (C) ankleben und (B) mit dem Widerlager unter (A) stecken.

3 Giebelform mit Hilfe des Eisenlineals anritzen und Ecken als Klebelaschen nach innen knicken. Fenster mit dem Teppichmesser ausschneiden und den Karton mit Hölzern bekleben. Einen Kartonstreifen zum Dach knicken, auf Giebel und Laschen ankleben und mit Rinde und einem Firstbalken bekleben. Die Hütten auf den Plattformen verteilen.

Papageienfedern

4 Als Auflage zum Platzieren von Blumentöpfen ein Stück Rund- oder Kantholz mit dem Forstnerbohrer aushöhlen und auf ein rundes Brett kleben. Mit dem Loch auf die gerade geschnittenen Astenden stülpen.

Tipp

Das untere Ende des Astes kann in einen großen Blumenkübel gesteckt werden (unten Kies oder Sand, oben Erde) oder mit einem angeschraubten Dreibein aus Leisten gesichert werden. Eine mit Zusatzklötzen untergeschraubte Platte macht die Konstruktion noch stabiler.

WERKZEUG

AUSLEGERBOOT
Stecheisen
Hohleisen
Holzhammer
Fuchsschwanz
Schere
Bohrer (Ø = Mastdicke)

MATERIAL

AUSLEGERBOOT
Aststück (frische Linde)
dünnere Äste oder
Schwemmholz
Bast
Holzleim
Abdeckband
Schnur
Stoff
Zwiebelnetz

Auslegerboot

1 Mit Abdeckband die Bootsöffnung markieren und die Seiten mit dem Stemmeisen gerade abstechen.

2 Mit dem Hohleisen eine Mulde (immer zur Mitte hin!) ausstechen.

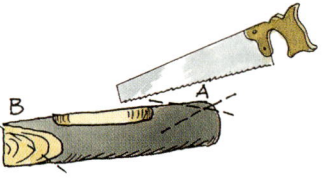

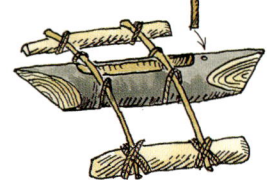

3 Heck und Bug mit geraden Sägeschnitten zuspitzen (A) und seitlich abschrägen (B).

4 Zwei Äste mit Bast an die Ausleger knüpfen und samt Netz am Boot befestigen. Mittig ein Loch für den Mast bohren und Mast einkleben.

Festschmuck und Zubehör

Erschreck-Gespenst

WERKZEUG

Feinsäge
Laubsäge
Sägeblätter, fein
Winkel
Stahllineal
Holzfeile
Bohrer (Ø 2,5 mm)
Kreuzschlitz-Schraubendreher
Sägetisch mit Zwinge
Bleistift, weich
Pinsel

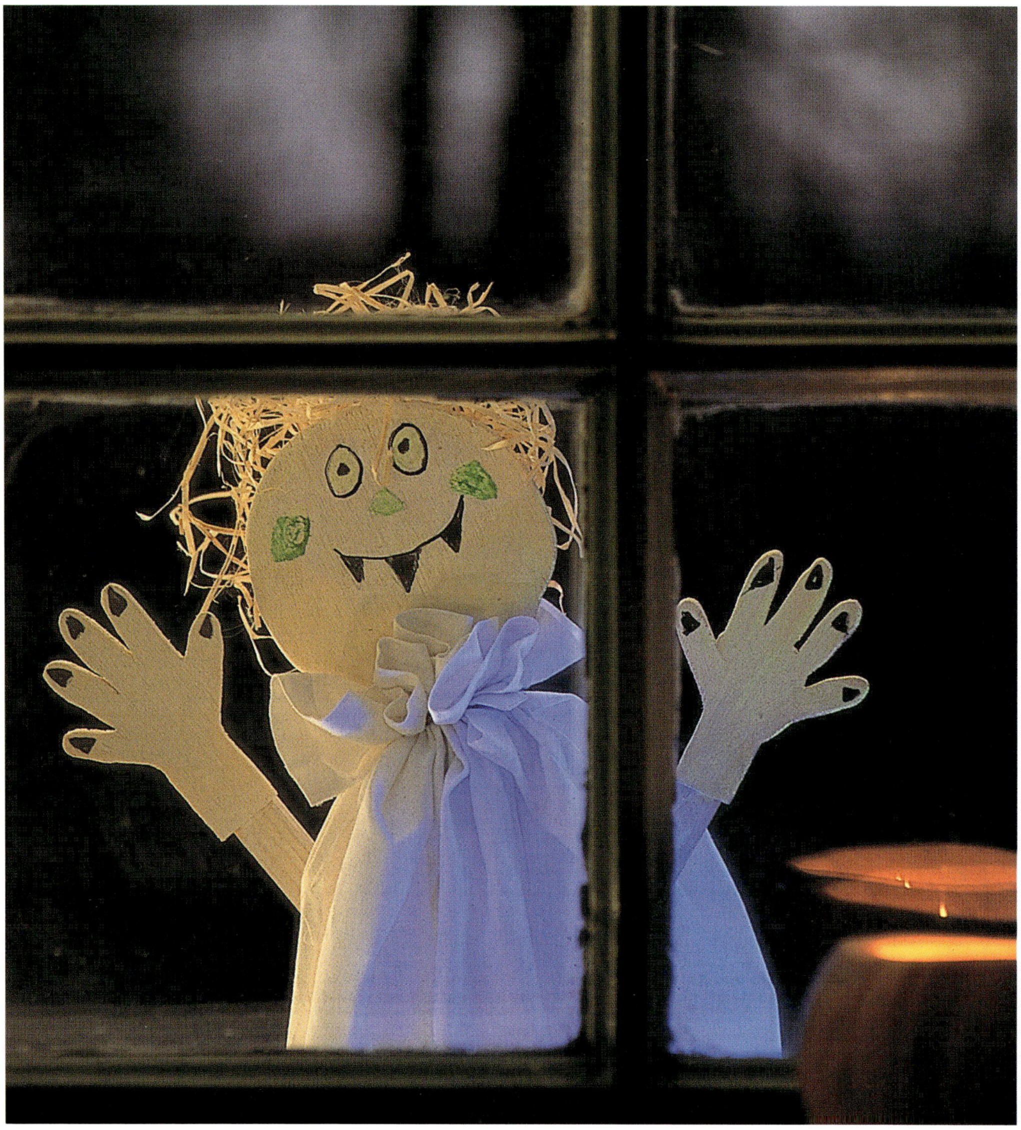

Tipp
Nachtleuchtfarbe kommt erst zur gewünschten Wirkung, wenn sie unmittelbar vor dem Gespensterauftritt mit Licht bestrahlt wurde.

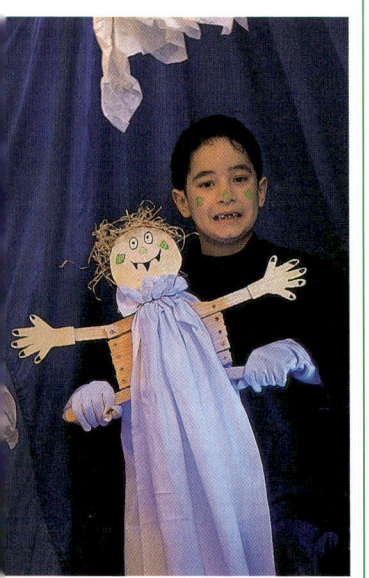

In der Nacht vor Allerheiligen (1. November) sind Geister und Gespenster unterwegs. „Hallo, Halloween!", winkt eines vor dem Fenster. Es spukt grünblass, mit spitzen Zähnen und glühenden Augen und – hui! – so schnell, wie es aufgetaucht ist, ist es auch wieder verschwunden.

Unter seinem Hemd (zwei Tuchstreifen, mit einem Gummiring am Hals befestigt) verbirgt sich eine Holzschere. Die Hebelwirkung dieser Schere ermöglicht ihm einen Sprung von 30 cm auf 120 cm Größe.

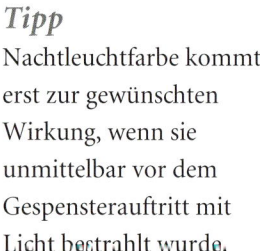

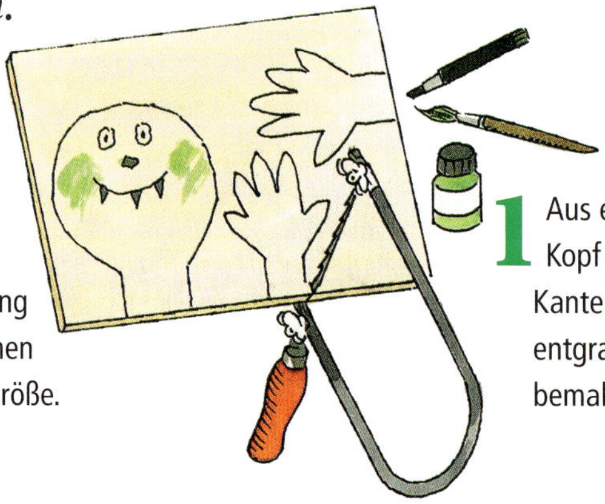

1 Aus einer Sperrholzplatte Kopf und Hände sägen. Kanten mit Schleifpapier entgraten und die Teile bemalen.

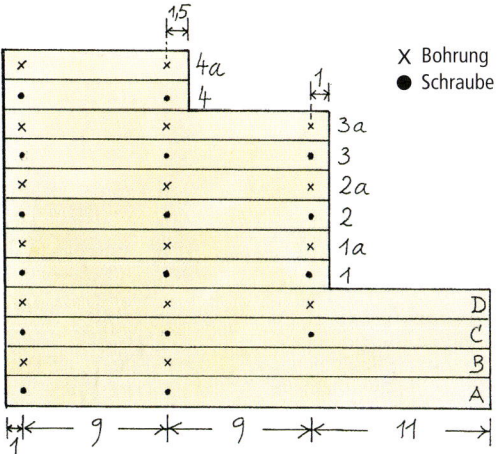

X Bohrung
● Schraube

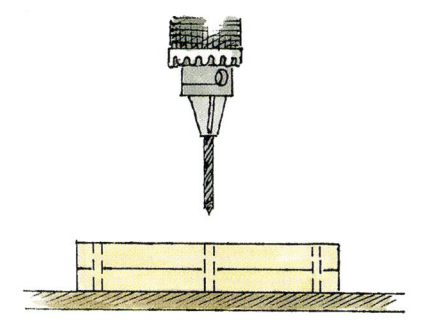

2 Leisten mit Feinsäge zuschneiden und mit Hilfe von Winkel und Lineal den Punkt für die Schrauben ermitteln.

3 Leisten mit Zulage paarweise an den Punkten durchbohren.

MATERIAL

Sperrholzplatte
   (ca. 20 x 30 cm)
4 Leisten (30 x 2 x 1 cm)
2 Leisten (11,5 x 2 x 1 cm)
6 Leisten (20 x 2 x1 cm)
15 Kreuzschlitzschrauben
   (Ø 3 mm; 2 cm lang)
Kreuzschlitzschraube
   (Ø 3 mm; 2,5 cm lang)
Schleifpapier (K 180)
Filzstift, schwarz,
   permanent
Dispersionsfarbe, weiß
Leuchtfarbe, grün
Nachtleuchtfarbe
Holzwolle
altes Laken
Gummiring

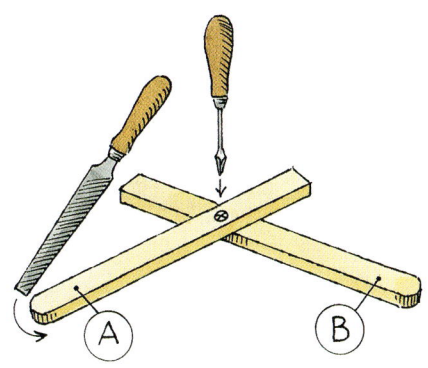

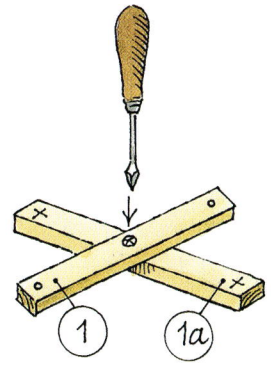

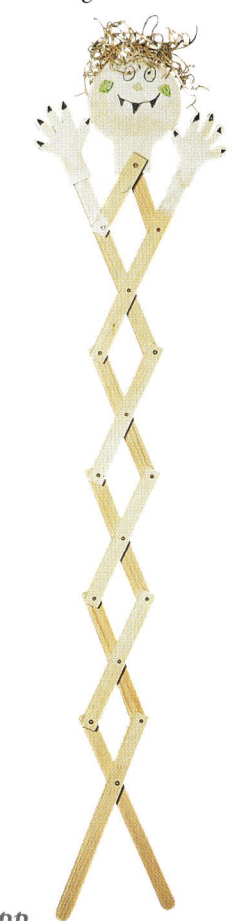

4 Die Griffenden der Leisten (A) und (B) (Scherengriffe) mit Feile runden und mit Schleifpapier glätten. Kreuzweise übereinander schrauben.

5 Leiste (1) mittig auf Leiste (1a) schrauben, Leiste (2) auf (2a), Leiste (3) auf (3a).

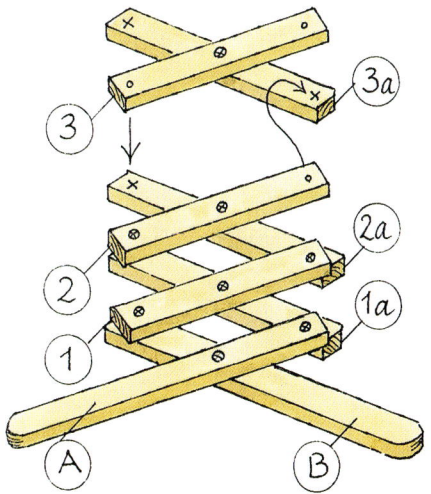

6 Ein Ende von Leiste (1) auf Griffleiste (D) schrauben, das andere Ende auf Leiste (2a). Griffleiste (A) auf Leiste (1a) schrauben. Leiste (2) auf Leiste (1a) und (3a) befestigen, Leiste (3) auf (2a).

7 Leisten (C) und D kreuzweise verbinden, Hände aufkleben. Leisten (C) und (D) an Leisten (3) und (3a) befestigen. Kopf zwischen Leiste (4) und (4a) schrauben (Schraube 2,5 cm lang) und an den Armleisten (C) und (D) befestigen.

Tipp
Wenn sich Schrauben-
spitzen durch die untere
Leiste gebohrt haben,
können sie mit einer
Eisenfeile abgefeilt
werden.

Hasenfamilie

*Wenn aus dem lichten Frühlingswald blaue Leberblümchen leuchten
und weiße Anemonensterne der warmen Sonne entgegen lächeln,
dann ist es so weit! Dann trifft sich die große Hasenfamilie am Waldrand und versammelt sich zu einem Gruppenbild.
Anschließend, am Ostermorgen, spazieren sie als Überraschungs-
gäste über den Frühstückstisch.*

Mit Hasenfüßen aus ausgesägten und angeklebten Leistenresten bekommen die Brettfiguren einen sicheren Stand.

1 Hasenfigur ohne Füße auf das Holz zeichnen; Ohren, Beine und Arme nicht zu dünn!

2 Figur aussägen und die Kanten mit Schleifpapier brechen (siehe Tipp).

3 Holz anfeuchten und nach dem Trocknen überschleifen.

4 Leistenrest in Schraubstock spannen und Schuhspitzen rund feilen.

5 Schuhe absägen und an die Figur kleben. Leim abbinden lassen.

6 Den Hasen anschließend mit Dispersionsfarbe bemalen.

WERKZEUG

Laubsäge
Sägeblätter, fein
Sägetisch mit Zwinge
Bleistift, weich
Feinsäge
Holzfeile
Pinsel
feuchter Schwamm
Schleifklotz

MATERIAL

Sperrholz (4 mm dick,
 ca. 20 x 80 cm)
Leistenrest
Schleifpapier (K 180)
Holzleim
Dispersionsfarben

Tipp
Wer Probleme hat, mit einer Hand das Sperrholzbrett auf das Sägetischchen zu drücken und mit der anderen zu sägen, sollte das Sperrholz am Arbeitstisch überstehend mit Zwingen befestigen.

Geschenke mit Herz

Am zweiten Sonntag im Mai, dem Muttertag, kommen sie angeflogen: bunte Vögel mit einem Zettel, einer Erdbeere oder einem Vergissmeinnicht im Schnabel – einem lieben Gruß an die Mutter.

Der Vogel aus Sperrholz hält Nachrichten, Botschaften und Merkzettel mit einer hölzernen Wäscheklammer fest, die hinter seinem Schnabel klebt.

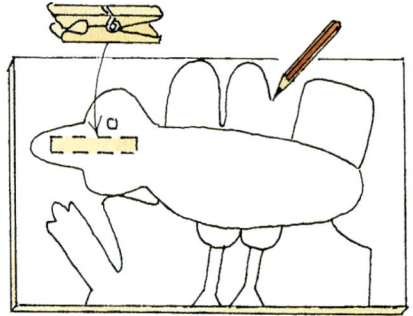

1 Auf das Sperrholzbrett die Umrisse des Vogels und unten bündig mit der Brettkante etwas Umfeld (z. B. Wiese, Stein, Nest usw.) zeichnen. Kopf und Schnabel müssen so groß sein, dass eine Wäscheklammer dahinter verborgen werden kann.

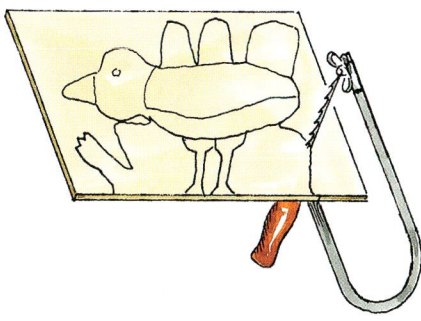

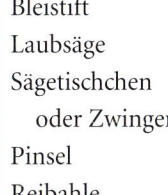

WERKZEUG

Bleistift
Laubsäge
Sägetischchen
    oder Zwingen
Pinsel
Reibahle

MATERIAL

VOGEL
Sperrholz
    (30 x 20 x 0,4 cm)
Schleifpapier (K 180)
Wäscheklammer (Holz)
Holzleim
Vierkantleiste (je nach
Umfeld 6–8 cm lang)
Dispersionsfarben

HERZ
Sperrholz
    (30 x 20 x 0,4 cm)
Schleifpapier (K 180)
Ölkreiden
Wasserfarben
dünner Schmuckdraht

2 Vogel mit Umgebung aussägen und die Kanten mit Schleifpapier glätten.

3 Das Holz mit weißer Dispersionsfarbe grundieren. Nach dem Trocknen leicht überschleifen und mit bunten Dispersionsfarben bemalen.

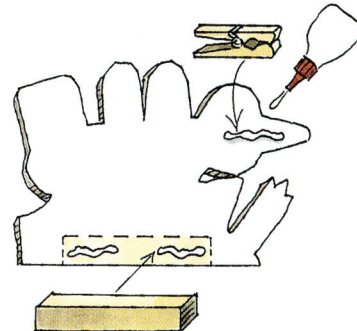

4 Auf der Rückseite, bündig mit der Unterkante, ein Vierkantholz und hinter Schnabel und Kopf eine Wäscheklammer anleimen.

Das große Herz wird wie der Baumschmuck (siehe Seite 138) ausgesägt, mit Ölkreiden gemustert und anschließend mit Wasserfarben übermalt. Durch zwei mit der Reibahle gestochene Löcher Schmuckdraht fädeln und das Herz z. B. in der Küche aufhängen, wo es täglich an den liebevollen Bastler erinnert.

Baumschmuck

WERKZEUG

Laubsäge
Sägeblätter, fein
Sägetisch mit Zwinge
Bleistift, weich
Pinsel
Reibahle
feuchter Schwamm

MATERIAL

Schleifpapier (K 180)
Dispersionsfarbe
  (auch Gold)
Klarlack
Glimmer
Schmuckdraht

*Herzen, Sterne und Kugeln aus Sperrholz, bemalt und mit Glitzer
bestäubt, bringen Farbe und Funkeln an den Weihnachtsbaum.*

Die Formen des Baumschmucks sind nicht exakt, sondern frei und ohne Schablone gezeichnet. So wirken sie viel lebendiger und individueller.

1 Formen mit weichem Bleistift direkt auf das Holz zeichnen (siehe auch Tipp oben).

2 Form aussägen und Kanten mit Schleifpapier brechen.

3 Holz anfeuchten und nach dem Trocknen noch einmal überschleifen.

4 Mit weißer Dispersionsfarbe grundieren und nach dem Trocknen mit bunter Dispersionsfarbe bemalen. Auf die trockene Farbe sparsam goldene Muster malen.

5 Teilweise mit Klarlack betupfen und bestreichen und sofort Glimmer auf den feuchten Lack streuen, den Überschuss abklopfen.

6 Mit der Reibahle Löcher durchs Holz stechen und dünnen Schmuckdraht zum Aufhängen befestigen.

Tipp

So zeichnet man einfach einen Stern: Erst einen Kreis (mit freier Hand!) zeichnen, dann Zacken ringsherum anfügen.

Tipp

Außer auf Klarlack haftet Glimmer auch gut auf feuchter Dispersionsfarbe, Kleister oder Leim.

Register

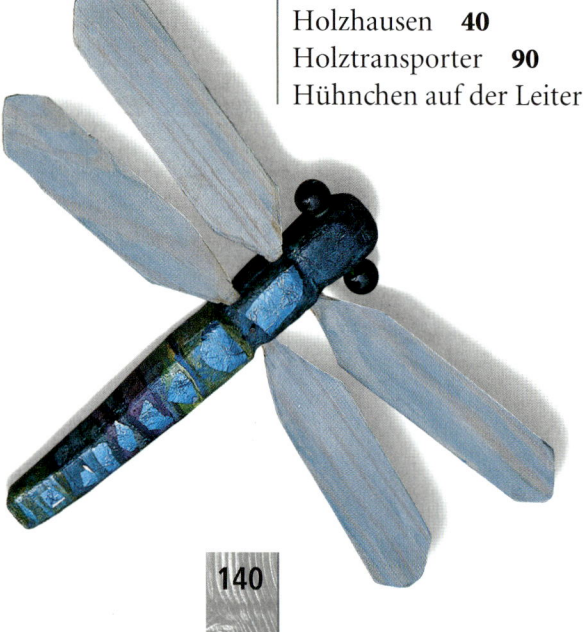